Herderbücherei

Band 8806

Über das Buch

Der im In- und Ausland weitbekannte und angesehene Moraltheologe Bernhard Häring spricht hier nicht als großer Theologe, sondern als Mensch und Christ, der selber im Leiden die dunkle Grenze des Lebens erfahren hat. Zur Absicht, zum Anliegen seines Buches sagt er: „Ich begebe mich auf den Weg der narrativen Annäherung ... und wage es, von meinem Umgang mit Krankheit zu erzählen, nicht weil ich meine, darin Vorbild zu sein, sondern vielmehr in der Erwartung, daß der Leser sich auf weite Strecken selbst wiedererkennt."
Sein Buch kann eine Art Trostbuch sein für Kranke und eine Hilfereichung für all jene, die ihnen beistehen. Dabei geht es vor allem der einen, gar nicht leichten Frage nach: Welche Rolle spielt der Glaube in den dunklen Phasen meines Lebens?

Über den Autor

Bernhard Häring, geboren 1912, Dr. theol., Redemptorist, emeritierter Professor für Moraltheologie; er lehrte nahezu vierzig Jahre an der Lateran-Universität in Rom (Academia Alfonsiana), in Deutschland sowie in Amerika und ist einer der international angesehensten Theologen. Verfasser bedeutender moraltheologischer Werke.

Bernhard Häring

„Ich habe deine Tränen gesehen"

Ein Trostbuch für Kranke
und ihre Wegbegleiter

Herderbücherei

Originalausgabe

Alle Rechte vorbehalten – Printed in Germany
© Verlag Herder Freiburg im Breisgau 1993
Herder Freiburg · Basel · Wien
Herstellung: Freiburger Graphische Betriebe 1993
Umschlagmotiv: Hand der hl. Dorothea,
Ambrogio Lorenzetti, 14. Jh.
ISBN 3-451-08806-1

Inhaltsverzeichnis

Vorwort

Jedes Menschenleben und jede Familie haben es mit Leid und Krankheit zu tun, die einen mehr, die anderen weniger. Es gehört zu unserem Mensch-sein, zu unserer Menschlichkeit. Die Frage ist, wie uns die Auseinandersetzung mit der Krankheit gelingt. Die Frage, der ich hier nachgehe, ist vor allem: Welche Rolle spielt dabei unser Glaube? Welche Kräfte fließen uns vom Glauben her zu?

Bisweilen erleben wir den Glauben als Heilkraft. Ich meine, daß dies umso eher der Fall sein kann, wenn wir vom Glauben nicht so sehr körperliche Heilung als vielmehr Sinngebung erwarten.

Statt hier eine theologische-systematische Darstellung über Sinn und Unsinn von Krankheit zu versuchen, was ja schon viele getan haben, begebe ich mich auf den Weg der narrativen Annäherung. Wenn viele uns erzählen, wie sie mit der Krankheit fertig geworden sind und wie schwer es ihnen bisweilen gefallen ist, so finden wir uns in einer Lerngemeinschaft. Darum wage ich es hier, von meinem Umgang mit der Krankheit zu erzählen, nicht weil ich meine, darin Vorbild zu sein, sondern vielmehr in der Erwartung, daß der Leser oder Hörer sich auf weite Strecken selbst wiedererkennt.

Ich hätte mich zu dieser Veröffentlichung sicher nicht entschließen können, wenn nicht immer wieder die Bitte an mich herangetragen worden wäre, aufgrund meiner eigenen Erfahrungen eine Art Trostbuch für Kranke und eine Hilfereichung für jene, die ihnen beistehen, zu schreiben. Ich kann mir selbst keine größere Freude vorstellen, als zu erfahren, daß Leidenden durch den Austausch unserer Glaubenserfahrungen in der Krankheit Trost und Kraft zuströmt.

Aus Leid und Krankheit anderer lernen

Niemanden trifft Krankheit völlig unvorbereitet. Wir erleben sie hautnah in unserer Familie, bei Freunden, bei Menschen, die uns etwas zu sagen haben.

Ich war ein gesunder Bub unter einer gesunden Geschwisterzahl. Ja, ich erfreute mich einer übersprudelnden Kraft und Gesundheit. Was Krankheit und Leid ist, erfuhr ich schockartig als Sechsjähriger. Gegen Kriegsende hatte meine Mutter einen lebensgefährlichen Blutsturz. Wir alle hingen an ihr nicht weniger als unser Vater, für den sie das lebendige Evangelium war, wie er mir später einmal sagte. Wir alle beteten, und alle betrugen sich vorbildlich, um so den Eltern in dieser Lage jeden Verdruß zu ersparen; mehr noch, um ihnen Freude zu bereiten. Ich erinnere mich, wie sehr wir alle um das Leben der Mutter bangten.

Da traf uns wie ein Blitz am gleichen Tag die Nachricht, daß meine beiden ältesten Brüder, die an der Front standen, als vermißt galten. Der Postbote war ein Vorbild der Feinfühligkeit. Er brachte die beiden Briefe, deren Inhalt ihm klar war, zu einer Verwandten, die wegen ihrer Klugheit geachtet wurde. Sie sollte uns die Nachricht schonend überbringen. Wir alle brachen in Tränen aus. Der Vater, den die Nachricht sicher am schwersten getroffen hatte, befahl uns, doch ja nicht mit verweinten Augen in das Zimmer der kranken Mutter zu gehen.

„Sonst stirbt uns auch noch die Mutter!" Als die zwei ältesten Schwestern meinten, man sehe ihnen die verweinten Augen nicht mehr an, besuchten sie die Mutter. Doch diese merkte sofort ihre Unruhe und fragte: „Welcher von den beiden ist gefallen?" Die Mutter überlebte diesen harten Schlag.

Das Erlebnis des Ringens aus dem Glauben angesichts einer solchen Unglücksnachricht und angesichts einer lebensgefährlich kranken Mutter hat mein Leben, auch mein Glaubensleben, tief geprägt. „Dein Wille geschehe", hörte ich beten. Doch es kam aus verwundeten Herzen. Später stellte sich heraus, daß nur der älteste Bruder gefallen war. Der zweitälteste Bruder kam nach einem Jahr krank aus der englischen Gefangenschaft heim, mit Lupus (einer Krebsart) am Hals.

Dies traf besonders unseren Vater äußerst hart. Denn mein Bruder Wenzel hatte sich, bevor er wehrpflichtig wurde, freiwillig gemeldet, um so den Vater vom Kriegsdienst zu verschonen. Der Vater wollte es ihm verbieten, aber Wenzel setzte sich durch. Der Vater tat alles, um den besten Arzt zu finden. Ein Medizinprofessor in Tübingen konnte schließlich helfen durch den dringenden Rat für meinen Bruder: als Vegetarier den Kampf gegen den Lupus aufzunehmen. Er führte einen schließlich erfolgreichen Kampf und lernte dabei auch die Heilkraft des Gebetes kennen. Er sprach mit mir oft darüber.

Zwei leuchtende Beispiele

Meine Mutter versorgte zwei alte, durch die Inflation ganz arm gewordene Frauen mit dem täglichen Brot. Oft fiel mir die Ehre zu, das warme Essen oder einen Laib Brot zu der alten blinden Cäzilia zu bringen. Aus einem Gefühl des Mitleids wuchs in mir eine tiefe Verehrung für diese gütige, ganz gottergebene Frau. Es war ein Satz in meinem Gedächtnis: Man kann auch als krank, alt und arm Freude ausstrahlen.

Als junger Pater predigte ich in einer Pfarrei Niederbayerns eine religiöse Woche. Ich war nicht nur durch die große Aufmerksamkeit der Leute, sogar der jungen Leute und der Kinder bei den Predigten sehr angetan, sondern auch durch den Glauben, den sehr viele bei der Beichte kundtaten, wie sie ganz ehrlich nach dem Willen Gottes in ihrem Leben fragten. Schließlich sagte ich dem sympathischen Pfarrer: „So einen Glauben habe ich noch nirgends gefunden. Könnten Sie mir das Geheimnis Ihrer Seelsorge verraten?" Die Antwort: „Das Geheimnis liegt weder bei mir noch bei meinem liebenswürdigen Vikar. Willst Du hinter das Geheimnis kommen, dann besuche eine Kranke. Sie ist seit Jahrzehnten bettlägerig. Jetzt ist sie so sehr von der Gicht befallen, daß sie nicht einmal die Hand zum Mund führen kann." Ich besuchte sie in ihrem armseligen Zimmer. Es kam mir vor, daß sie wie ein warmes Licht leuchte.

Nicht ein von Schmerz verzerrtes Gesicht, sondern strahlende Augen, strahlende Güte. Ich erinnere mich noch genau an ihre Worte: „Pater, man kann Gott gar nicht genug dafür danken, daß unsere Krankheit und unser Leiden erlöst sind und am Erlösungswerk mitwirken können." Sie sprach nicht von nötigem Sühneleiden für andere, sondern ganz einfach vom Erlöstsein als empfangene Gabe und als weiterzugebendes Geschenk. Der Pfarrer sagte mir nach meinem Besuch: „Mir scheint, daß diese Kranke das Zentrum der Verkündigung für unsere Pfarrei geworden ist, Verkündigung ohne wortreiche Predigt."

Solche und ähnliche Erfahrungen waren für mich sicher eine unsagbar große Hilfe, mit meinen eigenen Krankheiten fertig zu werden.

Würde ich jetzt nur von meinen Krankheiten erzählen, so könnte jemand der Gedanke kommen, daß ich fast ein Leidensmann wie Ijob sei. Dem ist jedoch nicht so, vor allem aus zwei Gründen. Erstens plagte mich die Frage nach dem „Warum?" nicht so wie den alttestamentlichen Leidensmann. Vor mir stand ja immer der Gekreuzigte und Auferstandene. Ich kannte wenigstens annähernd den „Schlüssel". Doch ich will auch erzählen, daß ich mich selbst noch mit ähnlichen Fragen herumschlug. Zweitens hatte ich lange Zeiten bester Gesundheit und schreibe jetzt als Achtzigjähriger, als Mann mit hervorragender Gesundheit und voller Lebensfreude.

Mein Noviziat

Mein Noviziat 1933/34 wurde für mich auch eine Lernzeit im Umgang mit der Krankheit. Ich trat in strotzender Gesundheit 1933 in Deggendorf ins Noviziat ein. Ich war ein sportlicher Typ und hatte viel auf Gymnastik gehalten. Doch bald entdeckte ich, daß mein heiligmäßiger und von mir verehrter Novizenmeister an meinen Gymnastikübungen im Klostergarten Anstoß nahm und zog zu weitgehende Folgerungen. Ich verzichtete ganz darauf. Auch nahm ich alle Weisungen des Novizenmeisters sehr genau. Ich lehnte mich beim Knien nie mehr an, obwohl dies einige körperliche Spannungen verursachte. Ich bemühte mich nach einer vom Novizenmeister angegebenen Methode – scheinbar erfolgreich – um das ständige Bewußtsein der Gegenwart Gottes und wehrte jede Zerstreuung energisch ab. Die Folge: „Allzu straff gespannt, zerspringt der Bogen." Fast plötzlich setzten Herzbeschwerden und dauernde Kopfschmerzen ein. Das Noviziat war unterdessen nach Gars verlegt. Der dortige Arzt war dem Kloster freundschaftlich verbunden. Er riet mir dringend, den Gedanken an den Ordensberuf ein für alle Mal aufzugeben, da ich es gesundheitlich sicher nicht schaffen würde. Er sagte dies auch dem Novizenmeister. Als er nach einigen Wochen sah, daß ich trotzdem bleiben wolle, kam er selbst zum Novizenmeister und warnte ihn: „Dieser junge Mann wird dem Kloster nur zur Last fallen. Er wird nie mehr zu voller Arbeitsfähigkeit kommen." Der Novizenmeister erzählte mir dies unter Tränen; denn er liebte mich ganz offensichtlich. So ging er mit mir nach München zu einer damals sehr berühmten Augendiagnostikerin. Diese schaute mir nicht nur gründlich in die Augen, sondern benutzte alle damals verfügbaren Mittel für eine gründliche Diagnose, mit dem Ergebnis, das sie dem Novizenmeister zukommen ließ: „Behalten Sie den jungen Mann ruhig. Aber geben Sie ihm mehr Raum für Erholung und Entspannung. Er soll seine Gymnastik auch wieder aufnehmen, freilich nur stufenweise."

Man wagte es mit mir. Bei der Gelübdeablegung im Mai 1934 war ich auf dem Weg der Besserung, konnte jedoch nicht vor dem Altar knien. Ich legte die Gelübde auf einem Stuhl sitzend ab. Welches Wagnis von beiden Seiten!

Mein unmittelbarer Vorgesetzter im Studentat, P. Engelbert Zettl, Kirchengeschichtler, war ein Mann von ungewöhnlicher Klugheit und Güte. Er ließ mir jeglichen Freiraum für meine Genesung. Er hatte die dritte Vorlesungsstunde täglich. Und obwohl mich Kirchengeschichte sehr interessierte, schlief ich doch gewöhnlich etwa zehn Minuten. Als ich ihn einmal fragte, ob er bemerkt habe, daß ich oft während seiner Vorlesung schlafe und was er sich dabei denke, war die Antwort für mich überraschend und doch so ganz natürlich: „Was soll ich mir denken! Hoffentlich tut es Dir gut!" Ja, solche menschlichen Beziehungen tun gut.

Bald nach meinem Eintreffen im Studentat in Rothenfeld wurde beim Mähen ein kleiner Rehbock verletzt und ein zweiter wurde gefangen. Ich nahm mich um dieser beiden Tierlein liebevoll an. Ich fütterte sie zunächst

14

mit der Milchflasche. Sie wurden mit mir zutraulich wie
mit einer Rehmutter. Sie fraßen mir aus der Hand, führten für mich Wettläufe und vornehme Wettkämpfe auf.
Dies bedeute für meine Gesundung mehr als Herztropfen und dergleichen. Es ging um die Kunst der Entspannung. Nichts ist für Kranke schädlicher als die ständige
Beschäftigung und Sorge mit der Gesundheit. Entspannung und Ablenkung können kaum überschätzt werden.

Von 1935 bis zu meiner schweren Verwundung im
Mai 1942 brauchte ich nie mehr einen Arzt.

Meine Erfahrung als Truppensanitäter

Bald nach Kriegsbeginn 1939 wurde ich zum Sanitäts-
dienst eingezogen und dafür in München und Augsburg
ausgebildet. Von Januar 1940 bis September 1940 wurde
ich freigestellt und machte meine ersten Erfahrungen als
Dozent der Moraltheologie. Als ich dann zu einem In-
fanterieregiment in Frankreich abgestellt wurde, vertraute man mir die gesundheitliche Betreuung meiner
Kameraden von der Sanitätskompanie an. Das gab mir
viel seelsorglich wichtige Kontakte, brachte mir aber
auch einige Verlegenheit; denn zu meinen Aufgaben ge-
hörte auch die Verhütung von Geschlechtskrankheiten,
so z. B. die „Sanierung" von Soldaten und Offizieren
nach einem Geschlechtsverkehr mit Dirnen. Ich wurde
auch verantwortlich gemacht für den Sanierungsdienst
eines Bordelles, das für Soldaten zuständig war. Es lag an
mir, die Sanitäter für den regelmäßigen Sanierungsdienst daselbst zu bestimmen. Ich kann nur kurz sagen,
daß wir in diesen Grenzsituationen doch viel Böses verhüten und manches Gute anstoßen konnten. So konnte
z. B. manches Mädchen aus dieser Situation befreit,
mancher Mann zum Nachdenken bewegt werden.

Diese delikate Aufgabe sollte mich auch noch während des Rußlandfeldzuges nicht wenig plagen. Ich
mußte Ansteckungen melden und der Quelle nachfor-
schen, um weitere Ansteckungen zu verhüten. Als ein

junger eitler Journalist aus unserem Bataillon von einer Verheirateten, Mutter mehrerer Kinder, angesteckt war und infolge der Situation eine Einweisung der Frau nicht möglich war, befahl mir mein rauher Regimentskommandant, die Frau erschießen zu lassen. Ich hätte ihn aufmerksam machen können, daß er doch von einem Priester so etwas nicht erwarten könne. Aber dann hätte eben ein anderer den Befehl bekommen und ihn ausgeführt. So übernahm ich die Verantwortung und sagte der Frau, daß nun mein eigenes Leben in ihren Händen liege, wenn sie noch einmal jemand anstecke. Ich vertraute – zu recht – ihrer Versicherung, niemand mehr anzustecken und regelmäßig die Medikamente zu nehmen. Nur ein Beispiel, wie Leben und Gesundheit uns allen insgesamt anvertraut sind.

Im Krieg stellt sich das „Problem" Krankheit, Leiden, Tod ganz neu, in der unerhörtesten Schärfe; denn es sind Menschen, die sich auf Befehl Leiden, Verwundung und Tod gegenseitig antun und sogar in einem solchen bisher nie gekannten Ausmaß. In der zweiten Stunde des Rußlandkrieges zerschmetterte ein Granatsplitter dem neben mir stehenden Freund aus dem Jesuitenorden den Gehirnschädel. Ein gewaltiges Sichaufbäumen des ganzen Körpers. Dann das bittere „Warum?". Eine Stunde später versorgte ich den ersten schwer verwundeten russischen Soldaten.

Was wir als Sanitäter tun konnten, war viel, doch angesichts des ganzen Ausmaßes des Tötens und Leidens fast ein Nichts. Von dort her reifte in mir die Berufung, mich ganz für die Sache des Friedens und der Gewaltfreiheit einzusetzen. Ich hätte es wohl noch leidenschaftlicher tun sollen. „Durch seine Wunden sind wir geheilt" (Jesaja 53,5). Würden sich alle, die sich Christen nennen, radikal für die heilende Gewaltfreiheit, für die versöhnende Entfeindungsliebe im Blick auf den Gottesknecht Jesus Christus einsetzen, so würde der ganzen Menschheit Heil und Heilung widerfahren. Dies ist meine Antwort auf das quälende „Warum?". Keiner sollte sich bei diesem „Warum" aufhalten und statt dessen sich in die Zahl der Apostel der Gewaltfreiheit als Weg des Friedens einreihen.

Mit „Bruder Tod" leben

Das Leben eines Sanitätsfeldwebels in einem Infanterie-
regiment ist ein Zusammenleben mit dem Tod als Feind
Nummer eins, es sei denn, man erlebt Erlösung durch
Gläubige, die sich Bruder Tod übergeben im Blick auf
den Auferstandenen. Solches durfte ich mehrmals erleben. Ich denke jetzt nur an den evangelischen Soldaten
eines Nachbarregimentes, dem ich zu Hilfe eilte. Als ich
seine Kleider öffnete, quollen ihm die Eingeweide hervor. Ich stellte mich als Priester vor und sagte ihm
schließlich: „Sag Ja; jetzt ruft Dich der Vater heim."
Seine Antwort: „Wenn Gott uns ruft, sind wir stets be-
reit." Ein Wort, das mir mehr bedeutete als ein ganzer
Traktat über Krankheit, Leiden und Tod.

In einem grausamen Krieg mit seinem sinnlosen Mor-
den ist es ganz besonders schwierig, sich mit dem Tod als
„Bruder" zu befreunden, wie es dem hl. Franz von Assisi
so selbstverständlich gelang. Ich versuchte es wenigstens, bisweilen mit einem etwas falschen Unterton:
Tod im Dienste der Verwundeten als Befreiung aus diesem schauerlichen Tränental.

Während des ganzen Krieges, sogar noch während
eines Urlaubs in Stuttgart (starker Bombenangriff), habe
ich mich mit der möglichen Nähe von Bruder Tod anzu-
freunden versucht. Im Mai 1942 schien er mir ganz nahe
zu sein. In der großen Schlacht zwischen Charkow und

Kursk hatte ich schon all meine fünf Krankenträger des Infanterie-Bataillons verloren, als mich der Splitter einer Handgranate am Kopf verletzte. Der Splitter drang ein wie Feuer, und in wenigen Minuten waren meine Kleider durchblutet. Ich konnte mich mit letzter Kraftanstrengung noch notdürftig selbst verbinden, so daß ich nicht ganz verblutete. Ich kann mich noch gut erinnern: Als man mich an einem großen Verbandsplatz einlieferte, fing die russische Helferin, die mir die blutdurchdrängten Kleider abzunehmen hatte, laut zu weinen an. Ich hatte das erste und letzte Mal geweint, als ich ganz am Anfang meinem Freund aus dem Jesuitenorden bei seinem letzten Zucken die Krankensalbung gab. Es war mir klar, daß ich, wenn ich so weitermachen würde mit dem Ausdruck des Mitgefühls, bald seelisch zugrunde gehen würde. Ich mußte einfach bei allem Mitgefühl immer wieder auf die Zähne beißen und mich beherrschen.

Meine Kameraden drückten oft ihre Bewunderung aus, wie ruhig ich meine Hilfeleistung gab, auch bei schwierigsten Fällen. Sie hatten keine Ahnung, wie mich meine von Blut überströmten Hände und das Gesicht und die Wunden der Verwundeten im Traum quälten. Und das sogar noch mehrere Jahre nach dem Ende des Krieges, wann immer ich nervlich zu sehr belastet war.

Wer jahrelang als Sanitäter bei der Infanterie im grausamen Krieg gedient hat, für den ist es nicht leicht, an das Sterben im Bild von „Bruder Tod" zu denken. Doch das wurde mir wieder möglich, als ich mehrmals Sterbenden beistand, die so ganz im Frieden mit sich und mit Gott heimgingen. Ich denke vor allem an meinen römischen Mitbruder, Pater Dressino, in dem ich immer den idealen Priester und Mitbruder sah. Als er ahnte, daß es zum Sterben kommen würde, äußerte er den Wunsch, daß ich ihm die Krankensalbung spenden solle. Was für ein Friede auf seinem Antlitz! Ein paar Stunden nach dem Empfang der Sterbesakramente wandte er sich mir zu und fragte: „Wie heißt der Pater, der das schöne Buch geschrieben hat „Ja, Vater". Auf meine Antwort: „Richard Gräf" sagte er leise, aber gut verständlich: „Jetzt bete ich es zum letzten Mal: Ja, Vater!" Als dann am frühen Morgen die Krankenschwester ihn nach seinem Befinden befragte, war seine Antwort: „Sono felicissimo" – „Ich bin ganz glückselig!" Sein letztes Wort. Solche Erinnerungen heilten in mir die schweren seelischen Wunden, die die vielfältige Erfahrung des gewaltsamen Todes im Krieg mir geschlagen hatten.

Typhus durch vermeidbare Ansteckung

Im zweiten Kriegswinter in Rußland trat bei unserer Einheit der Bauchtyphus auf, der ähnlich wie das Fleckfieber zu einer schweren Geisel für uns wurde. Ich hatte selbst als Sanitätsfeldwebel mehrere Typhusfälle sowohl bei Soldaten wie bei der Bevölkerung richtig diagnostiziert und konnte gewöhnlich auch einigermaßen richtig helfen. Da bekamen wir einen neuen Truppenarzt. Er brachte mir in eine relativ große Russenstube einen Kranken, den ich, wie er hoffte, in kurzer Zeit gesund pflegen sollte. Ich warnte den Arzt: „Der Mann hat Typhus. Wir müssen ihn gleich ins Feldlazarett einliefern; denn morgen wird er nicht mehr transportierbar sein." Es war damals auch sehr kalt. Der sonst sympathische Arzt fühlte sich in seiner Ehre als Arzt gekränkt und beharrte auf seiner Diagnose. Erst nach einigen Tagen erlaubte er mir, ihn ins Feldlazarett zu bringen, immer noch mit der gleichen Diagnose. Im Feldlazarett sagte ich dem zuständigen Arzt, daß es meines Erachtens sicher ein Fall von Bauchtyphus sei. Darauf befahl er mir zu bleiben, bis sie die Diagnose bestätigt hätten; denn, so meinte er, falls es wirklich Typhus sei und ich neben dem Mann drei Tage geschlafen hatte, so sei ich reif für das Krankenhaus. Trotzdem kehrte ich zur Truppe zurück, die mich dringend brauchte. Der Typhus ließ nicht lange auf sich warten. Ich stand ihn in der Bauernstube durch, gestattete aber nicht, daß jemand neben mir wohnte. Ich pflegte mich selbst, um niemand anderen anzustecken. Für eine Beförderung ins Feldlazarett war es zu spät. Ich mußte nicht nur mit dem Krankheitserreger kämpfen, sondern auch mit dem Ärger über die falsche Diagnose durch den Arzt und seine Unwilligkeit, den Fehler rechtzeitig zuzugestehen.

Ich meine, daß auch das ein typischer Fall ist, mit dem Kranke immer wieder konfrontiert sind. Als der betreffende Arzt wegen Fleckfieber selbst ins Krankenhaus gehen mußte, bestand der Oberst darauf, daß ich den vollen Dienst übernehmen müsse; denn er traute den jungen Ärzten, die damals direkt nach ihrer wissenschaftlichen Ausbildung an die Front geschickt wurden, nicht viel zu. So trug ich fast ein Jahr eine seelisch schier untragbare Verantwortung, bis ich mich entschloß, mich selbst direkt an den Generalarzt zu wenden und ihm mein Anliegen vorzutragen. Wir erhielten darauf einen tüchtigen Arzt. Ich atmete auf. Auch solche Erfahrungen werden wohl viele Menschen gemacht haben, die im Krankendienst standen.

Gesundheit und Gelassenheit

Nach meiner Rückkehr aus dem Osten hatte ich zwar noch manche Nachwirkungen der Krankheiten und Entbehrungen während des Krieges, Nachwirkungen des Typhus und ein chronisches Leberleiden, Nachwirkung einer nicht rechtzeitig ausgeheilten Gelbsucht. Doch all das hinderte meine Lebensfreude und meine Schaffenskraft kaum. Einer der Gründe oder Hintergründe war wohl die Freude an meinem Beruf, in dem ich viel Liebe und Dankbarkeit erntete.

Die Jahre 1957 bis zum Beginn des Konzils waren jedoch eine nicht geringe Belastung meiner psychosomatischen Verfassung. Nach der wiederholten Verurteilung der „Situationsethik" durch das Heilige Offizium und auch infolge meines wachsenden Einflusses auf die Erneuerung der Moraltheologie nahmen mich einige kämpferische Gruppen der theologischen Nachhut aufs Korn. Die Anklagen liefen meistens auf „Situationsethik", „Untergrabung des Gesetzesgehorsams" hinaus. Bei meinem Ordensgeneral liefen jede Woche Anklagebriefe gegen mich ein, die von zwei wohl unabhängig voneinander operierenden Gruppen gesteuert waren. Und durch einen indiskreten Mann erfuhr ich, daß im Heiligen Offizium sogar täglich solche Briefe ankamen. Die Rechtgläubigkeit meines dreibändigen Moralwerkes „Das Gesetz Christi" wurde daraufhin vom Heiligen Offizium unter die Lupe genommen. Am meisten belastete mich aber die Erfahrung theologischer Engherzigkeit in der Vorbereitungskommission des Konzils, bei der ich auf Anordnung von Papst Johannes mitwirkte.

Aufgrund von ernsten Beschwerden im Unterleib ließ ich mich gründlich untersuchen. Der Arzt erklärte mir genau die Röntgenaufnahme: fast ein 30 Zentimeter langes Darmgeschwür. Der besorgte Arzt redete mir lange zu, mich von allen belastenden Arbeiten zurückzuziehen, vor allem von der Arbeit in Rom. Nachdem ich ihm wohl eine halbe Stunde zugehört hatte, sagte ich ihm: „Lieber Doktor, ich habe sie gut verstanden. Was mir nottut, ist Gelassenheit. Ich werde nicht vor der Mitverantwortung in der Kirche fliehen. Aber ich werde von heute an viel um Gelassenheit beten und mich darin einüben." Auch andere beteten mit mir für das gleiche Anliegen. Und ich meine, daß unsere Gebete erhört wurden. Ich gesundete ohne viele Medikamente und ohne mich allzusehr zu schonen. Ich halte die Gelassenheit für eine ganz große Heilkraft. Sie ist jedoch letzten Endes ein Geschenk Gottes.

Überbelastung und Freude an der Aufgabe

Nicht wenige sprachen mir im Verlauf der Jahre ihr Staunen über meine Schaffenskraft aus. Das Zweite Vatikanische Konzil verlangte mir ein ganz hohes Maß von Arbeit ab, und zwar Arbeit, bei der man die eigene Verantwortung und die eigenen Grenzen zu spüren bekommt. Neben der Arbeit in der theologischen Konzilskommission hatte ich unzählige Gespräche mit Konzilsvätern und Konzilstheologen, vor allem auch mit den Beobachtern der anderen christlichen Kirchen beim Konzil. Dazu kamen zahlreiche Vorträge für größere Gruppen von Bischöfen in verschiedenen Sprachen.

Das Konzil war jedoch für mich psychosomatischen Typ ein absolutes seelisches Hoch. Meine Gesundheit schien in fast unbegrenzter Weise strapazierbar. Doch am Ende des Konzils und mit der sich bald einstellenden Ernüchterung in der Abschätzung der Situation der Kirche stellte sich drastisch heraus, daß ich mir zuviel zugemutet hatte. Der Herzspezialist stellte eine sehr schwere Koronar- und Herzerkrankung fest und verordnete sehr starke Mittel. Als ich ihn fragte, wie lange ich sie einnehmen müßte, antwortete er lakonisch: „Immer." Auf meine Rückfrage, was das heiße, erklärte er: „Bis zu Ihrem seligen Ende."

Ich ließ mich in meiner Schaffensfreude, vor allem für die Durchsetzung des Konzils, jedoch kaum bremsen. Nach etwa eineinhalb Jahren konnte mir der hervorragende Arzt, der mich betreute, raten, all die Medikamente graduell abzusetzen. Dies gelang bestens. Ohne nennenswerte gesundheitliche Belastung konnte ich meine langen akademischen Ferien im Dienste der Mission und Inkulturation des Konzils, vor allem in Afrika, Asien und Amerika fortsetzen. Ich brauchte zwar manchmal einen Fasttag, doch nie partikuläre Kost. Ich nährte mich sozusagen von der Freude im Dienste des Evangeliums und von der unsagbaren Liebe, die mir überall entgegenströmte. Ich bin aus wissenschaftlichem Studium und noch mehr aus eigener Erfahrung überzeugt, daß die Qualität der menschlichen Beziehungen der entscheidenste gesundheitliche Faktor ist. Im gleichen Atemzug möchte ich jedoch nochmals die Gelassenheit nennen.

Der lange Kampf mit dem Krebs

Das Lehrverfahren, das mir im Juni 1975 die Glaubenskongregation in Rom anhängte, verminderte meine Ar-
beitsfreude im Dienst des Evangeliums und des Ökume-
nismus nicht, zehrte aber doch offenbar am Kapital
meiner Gesundheit. Am Fronleichnamstag 1977 hatte
ich in der Kirche der Fordham University in New York
das Hochamt. Zu meiner Überraschung waren mir auf
einmal alle höheren Töne unmöglich. All die Jahre hatte
ich nie an Heiserkeit gelitten, da ich eine sehr gute
Stimme und auch eine ausgezeichnete Stimmschulung
erfahren hatte. In kurzer Zeit schwand meine Stimme
dahin. Ich konnte es wissen, wollte es aber nicht wissen,
daß es sich um Kehlkopfkrebs handelte. Vielen Krebs-
kranken ging und geht es so. Man will es einfach nicht
glauben, obwohl man es im Grunde weiß. Damals kamen von Rom nebst dem Lehrverfahren noch andere
hart zu ertragende Schwierigkeiten. Die psychosomatische Konstellation war ungünstig.

Der Schlüsseltraum

Ich war immer noch in New York an der Fordham University. Eines Nachmittags machte ich einen Spaziergang durch die Bronx. Als ich heimkam, entdeckte ich, daß ich auf dem Weg meinen Schlüsselbund verloren hatte. Ich ging vor Einbruch der Dunkelheit den ganzen Weg nochmals ab. Es war ja Unsinn zu hoffen, den Schlüsselbund zu finden. Dann meldete ich mich beim Obern des Hauses der Jesuiten, wo ich wohnte. Er versicherte mir, daß er mir am folgenden Tag neue Schlüssel geben könne. Doch es kam anders.

Gegen Morgen hatte ich einen Traum, aus dem ich frisch erwachte. Im Traum sah ich meinen Schlüsselbund auf einem Vorsprung einer Straßensäule liegen. Und im Traum dankte ich Gott aus ganzem Herzen, daß er mir die Schlüssel gezeigt hatte. Ich stand auf und ging beim ersten Morgenlicht in die Stadt. In einer breiten Straße ging ich auf eine Säule zu. Und dort lag tatsächlich mein Schlüsselbund. Ich rieb mir die Augen, um mich nochmals zu versichern, daß es nicht Traum, sondern volle Wirklichkeit war. Ich hatte kurz vorher bei dem von mir hochverehrten Mahatma Gandhi gelesen: Gebet als Ausdruck des Vertrauens und der Dankbarkeit ist der Schlüssel des Abends und des Morgens; es verriegelt unser Herz und Heim gegen alle Mächte der Finsternis; am Morgen öffnet es unser Leben dem Licht.

Nun wußte ich auf einmal, daß ich nicht nur den Schlüssel zum Haus der Jesuiten, zu meinem Zimmer und zu meiner Amtsstube, sondern den Schlüssel zur Bewältigung meiner Situation gefunden hatte: Lehrverfahren plus Kehlkopfkrebs. Da – so war ich fest überzeugt – Gott in seiner väterlichen Sorge mir selbst den Schlüssel in die Hand gegeben hatte, war ich voller Zuversicht und machte den festen Vorsatz, besser zu lernen, was es heißt, „immer und bei jedem Anlaß zu danken, das ist der Weg des Heiles und der Heilung".

Doch die Versuchung zum Selbstbetrug, so typisch für Krebskranke, war noch nicht voll überwunden. Der Arzt versicherte mir, es handle sich nur um einen Polypen. Obwohl ich genau wußte, daß Hals-Nasen-Ohren-Ärzte das zu sagen pflegen, wollte ich mich doch an diesen Faden klammern und hoffen, daß mit der Entfernung des „Polypen" alles vorbei sein werde.

Die Operation fand in der Klinik der „grauen Schwestern" in Rom statt, die in unserer nächsten Nachbarschaft lag. Als ich nach dieser Teiloperation das Gesicht des Arztes und der mir befreundeten Krankenschwester anschaute, wußte ich, was los war. Die Phase des Versuchs der Selbstbelügung war vorbei.

„Wenn Gott uns hilft"

Sobald das Untersuchungsergebnis angekommen war, besprach der Arzt, Prof. Fratarcangelo, mit mir die Situation. Er sagte: Sie sind vielleicht für mich der Glücksfall. Ich habe in den USA gelernt, verkrebste Stimmbänder durch neue aus den Schleimhäuten des Patienten zu ersetzen, vorausgesetzt, daß dieser ein Nichtraucher ist; denn verrauchte Schleimhäute sind unbrauchbar. Er machte mich aber sofort darauf aufmerksam, daß das südlich von Rom gelegene Krankenhaus in Colleferro, wo er als Primarius operieren konnte, sehr armselig eingerichtet sei. Doch an den nötigen Apparaturen fehle es nicht. Ich entschloß mich, mich diesem sicher sehr fähigen und menschlich mitfühlenden Arzt anzuvertrauen. Er sagte mir und meinem Oberen: „Wenn Gott uns hilft, wird Pater Häring wieder etwa fünfzig Prozent des Volumens seiner früheren Stimme zurückerhalten." Zum Erstaunen aller sollte sich herausstellen, daß ich fast die volle Stärke und den vollen Klang meiner früheren Stimme wieder zurückerhielt. Eine Meisterleistung der zwei Ärzte, die mich operierten und betreuten!

Im Krankenhaus der Armen

Die Krankenstation für die Halskranken war mehr als primitiv. Z.B. gab es für die ganze Abteilung, auf der bis zu 25 Patienten lagen, nur eine einzige und unglaublich primitive Toilette. Doch die menschlichen Beziehungen waren gut.

Kurz nach meiner Einlieferung kam eine Gruppe der charismatischen Erneuerung aus dem Ort Colleferro, um mich zu begrüßen. Sie brachten mir einen schönen Blumenstock und Löffel, Messer und Gabel. Sie hatten geahnt, daß ich nicht wüßte, daß die Patienten das alles selbst mitbringen mußten. Jeden Tag schaute eine Person aus dieser Gebetsgruppe nach, ob ich irgendeinen Dienst brauche. Ihre liebevolle und selbstverständliche Herzlichkeit tat wohl. Im Zimmer neben mir war eine achtzigjährige, verarmte Adelige als Patientin. Sie kam mit einem liebenswürdigen Lächeln alsbald zu mir zu Besuch und tröstete mich mit den Worten: „Ich bin stocktaub, und Du bist stockstumm; es kommt aufs gleiche hinaus." Der Ton und das Lächeln machte die Musik. Als die alte Dame merkte, daß sie mir sympathisch erschien, kam sie öfter zu Besuch und sang mir mit ihrer herrlichen Stimme ein Lied. Von allen Seiten kamen Springbrunnen der Herzlichkeit, auf die ich zwar nicht mit Worten, aber mit einem guten Lächeln antworten konnte. Ich bereute es nie, daß ich mich für dieses Krankenhaus der Armen entschlossen hatte, und zwar nicht nur, weil der Arzt all meine höchsten Erwartungen erfüllte, sondern vor allem wegen dieser Erfahrung der herzlichsten menschlichen Beziehungen inmitten des Elends. Auch das viele Weinen der kranken Kinder auf der Etage konnte mich angesichts dieser herzlichen Atmosphäre nicht allzusehr stören.

„Wie können Sie so glücklich sein?"

Etwa zwei Stunden vor der Operation, die fünf Stunden dauern sollte, kam eine junge Krankenschwester – es waren lauter Laien –, um mir die sogenannte „Wurstigkeitsspritze" zu verabreichen. Sie schaute mich voller Erstaunen an und sagte: „Jetzt tue ich etwas, das der Arzt nicht erfahren darf. Ich muß Sie einfach fragen, wie können Sie vor einer so grausamen Operation so vor Glück strahlen?" Da ich stumm war, gab ich die Antwort auf meinem Täfelchen, die man jeweils gleich wieder löschen konnte: „Das ist reine Gnade. Und wenn ich nicht ständig danken würde, wäre sie gleich verloren." Ich konnte ihr jedoch nicht erzählen, woher dieses Glücksgefühl kam.

Vor jener Spritze hatte ich einen tiefen ruhigen Schlaf mit folgendem Traum: In einem wundervollen Tal sah ich Jesus den guten Hirten. Er winkte mir zu, als ob er mich einladen wollte mitzukommen. Ich war voller Freude. Und nach dem Erwachen deutete ich den Traum so: Also, jetzt darfst du dieses Tränental verlassen. Jesus selbst hat mich ja eingeladen. Dann überfiel mich aber der Schlaf nochmals. Ich hatte einen ganz anderen Traum: Ich rannte an alle Fahrkartenschalter, um das große Billett zu lösen. Aber überall winkte man höflich ab. Ich hatte also meine Deutung zu revidieren. Die Zeit der großen Reise ist noch nicht gekommen. Aber die Einladung des guten Hirten bleibt.

Meine Blutwerte und vor allem meine Leberwerte waren alles andere als gut. Daß die Operation lange dauern würde, war vorauszusehen. Man wollte keine Vollnarkose für so lange Zeit wagen. Darum ließ mein Arzt einen Meister der Narkose kommen. Er sagte mir generell, daß es sich um eine spezielle Art handle, die mir zur rechten Zeit erklärt würde. Im Operationssaal erhielt ich eine Spritze. Der Hypnotiseur, von dem ich jedoch nicht wußte, daß er es war, redete mit mir intensiv, bis ich in tiefen Schlaf fiel. Dann hörte ich plötzlich von ihm das Kommando: „Risvegliati! Wach auf!" Und ich wachte auf, ohne das Gefühl zu haben, aus einer Narkose zu erwachen. Ich konnte nicht genug staunen.

Herzinfarkt nach einigen Tagen

Angesichts der besonderen Art der Operation mußte ich mehrere Tage unbeweglich auf dem Rücken liegen. Der Kopf durfte nicht die geringste Bewegung machen. Mit Schlafmitteln mußte angesichts meiner Herzschwäche äußerst gespart werden. Es waren lange Tage und lange Nächte.

Zunächst durfte ich auch nicht schlucken. Die neuen Stimmbänder mußten ja erst einigermaßen „anwachsen". Die intravenöse Ernährung wurde nach ein paar Tagen unmöglich, da meine Venen sich wehrten. Beide Arme waren angeschwollen. Die schon vorher vom Arzt gefürchtete Leberkrise stellte sich ein. Mein Kot verbreitete einen unerhörten Gestank. Man entlastete die Frauen. Ein Krankenpfleger mußte sich dieser ekligen Sache annehmen. Als ich dann das erste Mal versuchte, zum Stuhlgang aufzustehen, merkte ich einen scharfen Riß im Herzen. Ich wußte genau, was es war: ein schwerer Herzinfarkt, der bis heute bei jedem Kardiogramm auftaucht. Der Computer meldet beharrlich: „Situation nach schwerem Herzinfarkt." Der Arzt, der mich zur Zeit betreut, fragte mich einmal, ob ich es wußte, daß es sich um einen schweren Herzinfarkt handelte und wie man ihn behandelte. Ich erzählte ihm, daß ich fest überzeugt war, daß nun Bruder Tod am Zug war. Ich wollte keine Unruhe um mich herum beim Sterben, und darum sagte ich nichts über den Herzinfarkt. Mein Arzt meinte, daß mein Entschluß, nichts zu sagen, wahrscheinlich mein Leben gerettet habe. Denn die absolute Ruhe, die ich für das Sterben wünschte, war auch die beste Voraussetzung, die Krise zu überstehen.

Offenbar haben die Ärzte in Colleferro trotz meines Schweigens über meinen Herzinfarkt die Situation realistisch beurteilt. Es kam, wie ich später von mehreren Seiten erfuhr, in der Weltpresse die Notiz: „Bernhard Häring liegt im Sterben." In Afrika muß ein kleiner Übersetzungsfehler entstanden sein; man verstand: „Pater Häring ist soeben verstorben." Mein ehemaliger Student, Bischof Michael Ntayahaga, hielt in seiner Kathedrale in der Hauptstadt von Burundi, Bujumburu, ein feierliches Requiem unter großer Beteiligung. Es handelte sich dem Sinn nach um die feierliche Eintragung des Lehrers des Bischofs in die afrikanische Ahnenreihe. Das Gebet hat sicher nicht geschadet.

Eine ganz andere Reaktion

Als ich bereits wieder genesen war, gab mir jemand eine Nummer der in Milwaukee erscheinenden Zeitschrift „The Wanderer". Es war ursprünglich eine deutsche Zeitschrift für die Einwanderer unter dem Titel „Der Wanderer". Die Zeitschrift war äußerst rassenfeindlich gegen schwarze Überfremdung, für scharfe Trennung der Wohngebiete usw. Dort las ich eine lange Leserzuschrift von einem alten Priester. Es war ein Lobpreis Gottes und seiner Gerechtigkeit, die endlich diesen alten, unverbesserlichen Sünder B. Häring bestraft hatte. Der Herausgeber hat diese Zuschrift offensichtlich mit Behagen abgedruckt. Meine Reaktion war ein tiefes Mitgefühl mit dem alten Priester und tiefe Besorgtheit wegen eines falschen Gottesbildes, das immer noch in vielen Köpfen und Herzen weiterlebt: das Bild des rächenden Gottes und die Mentalität einer Gruppe, die genau zu wissen meint, wo die Böcke und wo die auserwählten Schafe stehen. Es war das abschreckende Bild jener Beichtrichter, die genau die Zahl und die Gattung jeder Sünde wissen wollten und dementsprechend richteten. Meine Erfahrung und die Erfahrung anderer sagen uns, daß diese richtenden Typen oft von diesem Gottesbild, das zunächst gegen andere gerichtet ist, schließlich eingeholt werden und schreckliche Ängste leiden.

Ich erwähne dieses unliebsame Erlebnis nur deshalb, weil das Leiden an Krankheit und hartem Mißerfolg bei manchen Menschen so untragbar wird, da sie und andere „richten" und meinen, daß ihre Krankheit von einem rächenden Gott verhängt wurde. Richtet sich das Urteil „Gott hat ihn bestraft" gegen einen anderen mißliebigen Menschen, ist es objektiv eine der schlimmsten Formen des Mißbrauchs des Namens Gottes.

Gott hat mir nicht den Krebs verordnet

Immer wieder habe ich von Leuten, die vom Kehlkopfkrebs befallen waren, die angsterfüllte Frage gehört:
„Warum hat mich der Schöpfer für mein Rauchen so
hart bestraft?" Meine Antwort ist je nach der Situation
verschieden. Zunächst verweise ich darauf, daß ich
selbst nie Raucher war. Jeder Arzt, der es mit mir in dieser Krankheit zu tun hatte, und auch fast jede Krankenschwester fragten mich, ob ich ein Raucher war. Nach
der verneinenden Antwort kam dann die weitere Frage:
„Mußten Sie mit Rauchern zusammenleben oder in ver-
rauchten Sälen sprechen?" Da mußte ich allerdings mit
einem Ja antworten. Ich glaube jedoch nicht, daß dies
die Hauptursache meiner Erkrankung war. Ich denke
viel mehr an die psychosomatische Dimension. Wäre
ich ein Heiliger mit absolutem Gleichmut gewesen, so
hätte mich das Lehrverfahren, in dem es ja hauptsäch-
lich um ein Redeverbot ging, nicht so radikal als Griff an
meine Gurgel getroffen. Ich wäre weniger anfällig gewesen.

Während der größten Krise meiner Gesundheit in
Colleferro tat mir das Lehrverfahren und die Tatsache,
daß von der Glaubenskongregation kein Ausdruck des
Mitgefühls kam, mehr weh als alles andere. Ich bemühte
mich darum vor allem, gegen dieses Gefühl der Bitterkeit oder Verärgerung anzukämpfen, nicht eigentlich im

Blick auf das Gesundwerden, sondern im Blick auf einen guten Tod. Doch die Überwindung jeglicher Bitterkeit mag schließlich doch auch etwas zu tun gehabt haben mit meiner Genesung. Allein Gott weiß das.

Den Rauchern, die in ihrer Krankheit eine direkte Strafe Gottes sehen, sage ich also: „Ich war kein Raucher, und doch bin ich krank geworden. Und viele Raucher haben mehr geraucht als Du und haben keinen Krebs bekommen. Es besteht also kein Kausalverhältnis von Rauchen und Strafe, wenngleich das Rauchen den Krebs auslösen konnte."

Doch die Antwort muß tiefer gehen. Ich habe oft gesagt und geschrieben: „Gott hat mir nicht den Krebs verordnet." Der hat mit einer in Unordnung geratenen Welt zu tun. Aber Gott hat mir Gnade und innere Kraft geschenkt, dem Leiden einen annehmbaren Sinn zu geben. Das ist ein unverdientes Geschenk. Es verlangt aber auch unsere Mitwirkung.

In Zeiten der Krankheit und im Gefühl der Nähe von Bruder Tod bedeutete für mich die Betrachtung des Leidens und der Auferstehung Christi sehr viel mehr als sonst. Ich konnte mich besser einfühlen in das leiderfüllte und doch von Liebe überquellende Herz Jesu. Die Leiden geben einen annehmbaren Sinn nur her im Blick auf die Auferstehung.

Ich habe besonders viel Trost gefunden in der Betrachtung des Hebräerbriefes. „Es geziemte sich für den, um dessentwillen alles ist und durch den alles ist, da er viele Söhne zur Herrlichkeit führte, den Anführer ihres Heils durch Leiden zu verherrlichen" (Hebräer 2, 10). „Da er selbst gelitten hat und dadurch versucht wurde, vermag er denen zu helfen, die versucht werden" (2, 18). Jesus steht vor uns im Hebräerbrief als einer, „der imstande ist, Mitgefühl zu haben" (5,2). Von Jesus wird sogar gesagt, daß er im Leiden den Gehorsam, die Hingabe gelernt hat (5,8).

„Das Leiden war der Mühe wert"

Mein italienischer Arzt, Dr. Fratarcangelo, hat von mir nie einen Pfennig angenommen, obwohl ich nicht in der Krankenversicherung war. Er bat mich jedoch um eine Gegenleistung. Er erzählte mir, wie er ganze Nächte in Schweiß gebadet war, wenn er einem Patienten sagen mußte, daß sein Kehlkopf nicht mehr zu retten sei. Einer seiner Patienten hat in dieser Situation Selbstmord begangen, zwei andere haben es versucht. Nun erzählte er seinen Patienten, daß er einen Pater kenne, der auch ohne Kehlkopf ebenso glücklich sei. (Ich verlor ja schließlich den Kehlkopf endgültig.) Doch die Patienten dachten, daß ihnen der Doktor fromme Lügen erzähle. Ganz anders, wenn ich selbst mit den Kranken Kontakt aufnahm. Man hat ein ganz anderes Charisma zu trösten und zu ermutigen, wenn die anderen Kranken wissen, daß man aus Erfahrung spricht. Ich könnte viele Geschichten erzählen. Eine spricht wohl am deutlichsten.

Kurz vor einer Abreise von Rom erhielt ich einen Eilbrief von einer evangelischen Theologiestudentin. Darin berichtete sie mir, daß Hildegard Goss-Mayr, die große Prophetin der Gewaltfreiheit, in einem Vortrag erzählt habe, daß ich auch kehlkopflos froh die Frohbotschaft bezeuge. Ihr Vater stehe nun vor der Totalentfernung des Kehlkopfes. Er und die Mutter seien ob all dem

im Glauben sehr ins Wanken geraten. „Helfen Sie uns!"
Noch vor der Abreise schrieb ich dem Kranken, erzählte
ihm von meiner Glaubenserfahrung in der Krankheit.
Wie ich später erfuhr, kam mein Brief rechtzeitig vor
der Operation an. Und der Adressat gab ihn seinen Leidensgefährten weiter. Es folgte ein Briefwechsel, und
dann kam es auch zu Besuchen und zu einer herzlichen
Freundschaft. Leider war mein Freund nicht so glücklich
wie ich. Nach vier großen Operationen litt er unsägliche
Schmerzen, die kaum zu mildern waren. Sein Wunsch
war, daß ich ihm die Sterbesakramente spende. Er war
von Geburt her katholisch. Ich hielt in seinem Hause
eine Hausmesse. Dazu kam auch eine Schwägerin und
ihr Mann, Spätaussiedler aus Polen. Sie war kurz vor
dem Krieg von ihrem kommunistisch gewordenen
Mann verlassen worden, weil sie ihrem Glauben treu
bleiben wollte. Sie heiratete einen Witwer mit kleinen
Kindern. Ich hatte den Fall vorher studiert. Es war mir
klar, daß ihr die polnische Diözese ganz zu Unrecht die
Nichtigkeitserklärung der ersten Ehe verweigert hatte.
Beide beichteten und nahmen mit großer Ergriffenheit
an der Hausmesse teil. Nachher sagte mir der todkranke
Freund mit erstaunlicher Ruhe: „Mein Leiden war der
Mühe wert, wenn ich denke, wie glücklich dieses Paar
heute ist."

Nach seinem Tod schrieb mir seine Tochter, unterdessen ordinierte Pastorin: „Mein Vater war ein stolzer
Mann. Und er starb ganz demütig."

Bei solchen Anlässen dachte ich mehrmals: „Auch
mein Leiden hat sich reich gelohnt."

Rückfällig

Mein Arzt, Dr. Fratarcangelo, hielt Kobaltbestrahlung nach der Genesung für notwendig. Doch der Bestrahlungsarzt, der nicht genug staunen konnte über meine volle, klare Stimme, fragte ihn: „Willst Du wirklich, daß wir Dein Meisterwerk zur Hälfte verbrennen?" Statt Bestrahlung also mehrmalige Nachuntersuchungen. Es ging zwei Jahre relativ gut, zeitweise so gut, daß die Glaubenskongregation das Lehrverfahren weiterführen zu müssen glaubte und sich keine Sorgen darüber machte, daß es mitschuldig werden könnte an einem Rückfall.

Ich hielt wieder meine regelmäßigen Vorlesungen und verbrachte meine langen akademischen Ferien wieder in der dritten Welt mit einer Vielfalt an interessanten Aufgaben. Als dann das Lehrverfahren 1979 versandete, fühlte ich schon Anzeichen der Rückfälligkeit.

Wieder erlebte ich das hinlänglich bekannte Spiel. Man will es einfach nicht glauben. Man versucht trotz aller Anzeichen zu verdrängen. Der Arzt redete wieder von einem Polypen. Insgeheim dachte ich mir natürlich: „Du armer Lügner. Ich weiß ja, daß Du jedesmal, wenn Du einem Patienten zu eröffnen hast, daß er den Kehlkopf verlieren werde, in Schweiß gebadet bist und nicht mehr gesund schlafen kannst."

Und doch klammerte ich mich noch eine ganze Weile an diesen armseligen Strohhalm „Polyp".

Nicht nur der Psalmist, sondern vor allem die Afrikaner haben mich gelehrt: „Und dennoch will ich tanzen und singen." Mit dem Singen war es allerdings aus. Ich erinnerte mich in allen kritischen Situationen an meinen „Schlüsseltraum" und sagte mir: Ich hab ja doch noch tausend und mehr Gründe, Gott zu danken. Doch mein wiederholtes Dankgebet war schwach und kalt, als ob es aus einer Gefriertruhe käme. Da ging ich in den großen Klostergarten. Und nachdem ich mich vergewissert hatte, daß mich niemand sah, führte ich dem lieben Gott und mir selbst einen Tanz vor, um es auch leiblich noch mehr mit meinem Gemüt auszudrücken, daß ich allen Grund habe, unentwegt zu danken. Mein Tanz war sicher kein Kunsttanz, aber er war ernst gemeint. Nicht nur mein Körper erwärmte sich, es wurde mir warm ums Herz. Das Dennoch des Glaubens und der Dankbarkeit trug den Sieg davon.

Im Spätherbst 1979 versuchte Prof. Fratarcangelo, durch Teiloperationen den Kehlkopf doch noch zu retten. Da es aber zu einem länger dauernden Streik des technischen Personals kam und er nicht mehr länger warten konnte, machte ein technisches Versagen der Hoffnung ein Ende. Es kam beim Versuch, durch Brennen zu retten, im Hals zu einem Kurzschluß aufgrund eines technischen Versagens. Dann folgten Streiks anderer Kategorien der Krankenhäuser Italiens. Mein chronisches Leber-Leiden war ein gewichtiger Grund, an der Opportunität einer großen Operation zu zweifeln. Auf jeden Fall hätte ein weiteres Aufschieben keine Hoffnung mehr gelassen. So bat mein Arzt meine Obern in Rom, mich schleunigst nach Deutschland zu bringen. Vielleicht könne ein deutscher Arzt doch noch etwas unternehmen.

Das unvollendete Lebenswerk

Als der Kehlkopfkrebs zum Durchbruch gekommen war, hatte ich den ersten Band meines zusammenfassenden Moralwerkes „Frei in Christus" in englischer Sprache (Free and Faithful in Christ) in Maschinenschrift an den amerikanischen Verlag abgesandt. Die Arbeit am zweiten Band war kaum begonnen. Der Gedanke, ob und wie das Werk vollendet würde, störte mich damals (1977) nicht sehr. Ich fand mich fast problemlos damit ab, daß es wohl nie vollendet würde. Anders war es 1979/80. Der nahe Tod war höchst wahrscheinlich. Ich hatte unterdessen den zweiten Band vollendet, ebenso den ersten Teil des dritten Bandes (Bioethik). Der größere, umfangreichere und für mich schwierigere Teil „Heilung des öffentlichen Lebens" war kaum im Umriß entworfen. Ich hielt diese Arbeit für mein Lebenswerk. Das 1954 erschienene, in viele Sprachen übersetzte Werk „Das Gesetz Christi" war in meinen Augen durch den geschichtlichen Bewußtseinswandel und durch das Zweite Vatikanische Konzil hoffnungslos überholt, um nicht zu sagen veraltet.

Ich mußte mich also mit dem Gedanken abfinden, daß mich der Tod vor Vollendung meines Lebenswerkes einholen würde. Dabei half mir sehr viel eine Glaubenserfahrung, die ich viele Jahre früher gemacht hatte. Ich denke, daß sie auch manch anderen Hilfe sein könnte. Darum sei sie hier berichtet.

Professor Dr. Brandhuber war mir ein lieber Mitbruder, mein ehemaliger Professor des Neuen Testamentes, mein Beichtvater und ein guter Freund. Während eines gemeinsamen Spazierganges sagte er mir: „Wenn mir Gott noch ein Jahr Gesundheit schenkt, werden zwei Bücher über die alt-syrische Christologie, an denen ich schon seit fünfundzwanzig Jahren arbeite, fertig sein." Doch ein halbes Jahr später entdeckte man einen schon weit fortgeschrittenen Lungenkrebs. Bald war er bettlägerig und pflegebedürftig. Da er ständig stark schwitzte und alle zwei Stunden trocken gelegt werden mußte, nahm ich als alter Sanitäter meinen nächtlichen Turnus. Wiederholt versuchte ich, meinem lieben Freund seine Besorgtheit und Hoffnung auszureden, Gott werde ihm doch noch Zeit geben, sein Lebenswerk abzuschließen. Doch es war wie eine undurchdringliche Mauer zwischen uns, sobald ich wieder ansetzen wollte, ihm die Situation klar zu machen. Das änderte sich eines Nachts plötzlich. Wieder einmal hatte ich ihm das Hemd gewechselt. Wir beide waren davon müde. Da winkte er mir mit der Hand, näher zu treten. Er hatte mir eine wichtige Botschaft zu sagen: „Jetzt habe ich es begriffen: Ich verlange aufgelöst zu werden und bei Christus zu sein." Und zum Beweis, daß er es wirklich ganz begriffen hatte, fügte er bei: „Was kümmert mich jetzt das angehäufte Material für meine Bücher!"

Von dem Augenblick an schwitzte er nicht mehr. Sein Antlitz war von einem tiefen Frieden gezeichnet. Mit vollster Gelassenheit wartete er auf den großen Moment des Heimgangs zu Christus, dem er so treu gedient hatte.

Mir hätte der Gedanke, daß ich mein geplantes Werk nicht mehr vollenden würde, eigentlich sehr viel leich-

ter fallen sollen. Denn ich hatte doch mein Gedanken-
gut weithin veröffentlicht. Doch ich war andererseits
fest überzeugt, daß ein neues zusammenfassendes Werk
nötig sei, um den durch das Konzil und die Nachkonzils-
zeit möglichen Fortschritt in der katholischen Moraltheologie durch eine systematische Zusammenfassung
überzeugend darzustellen. Die lebhafte Erinnerung an
die tiefgreifende Glaubenserfahrung, die mir Pater
Brandhuber mitgeteilt hatte, half mir sehr, um die Frage,
ob ich mein geplantes Werk zum Abschluß bringen
würde, ganz Gottes Vorsehung zu überlassen, ohne
mich innerlich beunruhigen zu lassen.

Das unvollendete Leben

Sehr viel bedeutsamer war mir jetzt angesichts des nahenden Todes die Menschheitsfrage, die sich im Problemkreis Seelenwanderung/Wiedergeburt und in der katholischen Fegfeuerlehre niederschlug. Was bedeutete es für mich, mit einem unvollendeten Leben, sozusagen als Stückwerk vor Gott, vor den Herrn über Leben und Tod hinzutreten? Die Antwort, die ich mir immer neu gab, wenn es mir schien, an der Schwelle zum Tod zu stehen, verdeutlichte mir später ein lieber Mitbruder, François Bourdeau, ehemaliger Hörer (einer der ersten) und großartiger Übertrager meines Werkes „Das Gesetz Christi" ins Französische. Wenige Stunden vor seinem Tod schrieb er in einem Brief, der unvollendet auf seinem Tisch lag: „Was für ein Glück, daß wir im Tod nicht auf unsere eigenen Werke und Verdienste, sondern ganz allein auf die grenzenlose Güte und Gnade vertrauen dürfen." In seinem letzten Aufsatz, den er kurz vor seinem Tod an die Redaktion von „Mission Chrétienne" abgesandt hatte, schrieb er über das Fegfeuer: „Es gibt da kein anderes Feuer als das der Liebe Gottes, die uns reinigt und das Unvollendete vollenden wird."

Ein anderer, mir ebenfalls sehr lieber Mitbruder, der mir hochherzig viele Dienste geleistet hat, Pater Kurt-Dietrich Büche, hat mir über diese Frage, als sie gerade für mich „tod-ernst" geworden war, ein schönes Wort geschenkt: „Bete für mich, daß ich beim Sterben Gott nicht blamiere!" Und er erklärte mir dieses Anliegen: „Wenn wir mit Furcht und Angst sterben, entehren wir unseren gütigen Gott." Wir waren uns in diesem Glaubensgespräch einig, daß unser Ordensstifter, Alfons von Ligouri, uns diesbezüglich ein kostbares Wort hinterlassen hat: „Man kann Gott, unseren Vater, gar nicht besser ehren als durch ein grenzenloses Vertrauen."

42 Tage Fasten

Als ich in Deutschland ankam, waren die zuständigen Ärzte schon in den Weihnachtsferien. Ich wollte die Wartezeit bei meinen zwei Ordensschwestern in Kempten verbringen. Dort entschloß ich mich kurzerhand zu einer gründlichen Radikalkur: 42 Tage Fasten mit täglich einer Flasche Rote-Beete-Saft und viel ungezuckertem Tee. Meine Eingeweide wurden vor Beginn des Fastens gründlich gereinigt. Täglich machte ich eine Stunde Spaziergang, gab dem Gebet viel Zeit, arbeitete jedoch auch täglich noch einige Stunden am 3. Band meines Werkes „Frei in Christus", um wenigstens zu skizzieren, wie es nach meinem Tod vollendet werden könnte.

Nach zwanzig Tagen konzentrierte ich mich ganz auf Beten und Fasten. Einerseits gab ich die Hoffnung nicht auf, den Krebs durch mein Fasten auszuhungern. Fachmänner hatten mir versichert, daß der Rote-Beete-Saft vom Krebs in keiner Weise assimiliert oder an sich gezogen werden könne. Das stimmte wohl auch. Doch sobald ich anfing zu essen, zog der zusammengeschrumpfte Krebs wieder möglichst viel an sich, so daß in aller Eile wieder der Luftröhrenschnitt vorgenommen werden mußte. Die Operation wurde in einer Privatklinik in Starnberg von Prof. Westhues ausgeführt.

Die schärfste Leidenserfahrung
meines Lebens

Man konnte keine Narkose vornehmen, da alles auf Minuten ankam. Ich hatte ständig das Gefühl des Erstickens. Da 1977 ein Luftröhrenschnitt mit Hilfe von Plastik rückgängig gemacht worden war, erschien der neue Luftröhrenschnitt viel komplizierter. Im Operationssaal war mir gegenüber ein Kreuz. Ich richtete meinen Blick und meine ganze Aufmerksamkeit auf den Gekreuzigten. Zwei Krankenschwestern mußten meine Arme halten. Jeder Augenblick schien wie eine Ewigkeit, bis ich dann schließlich durch die Öffnung wieder Luft schnappen konnte.

Die zwei Krankenschwestern (Laien) und der Arzt machten mir nachher große Komplimente wegen meiner eisernen Disziplin. Was blieb mir denn schon anderes übrig?

Dann folgten zwei Wochen der Vorbereitung der großen Operation, zu der sich Prof. Westhues entschließen konnte, als festgestellt wurde, daß durch meine Fastenkur meine Leberwerte ganz ausgezeichnet geworden waren. Trotzdem machte sich die für die Narkose zuständige Ärztin nicht geringe Sorgen.

Ich hatte Prof. Westhues schon bei der ersten Begegnung gesagt, daß ich über das Stadium hinaus war, in dem fromme Lügen noch irgendwie ankämen. Er sprach darum auch mit voller Offenheit. Es war ihm klar, daß die Chancen minimal waren, da der Krebs unterdessen weit über den Bereich des Kehlkopfs hinaus fortgeschritten war.

Ich kann die Krankenschwestern sowohl von Colleferro wie die von Starnberg nie genug loben. An beiden Orten half mir eine Krankenpflegerin weit über ihre eigentliche Dienstzeit hinaus.

Die ersten fünf Nächte wachte eine äußerst feinfühlige Frau von Starnberg neben meinem Bett. Ich spürte geradezu ihre mitfühlende, liebende Gegenwart.

Der Heiltraum

Ähnlich wie in Colleferro hatte ich auch in Starnberg vor der großen Operation, die sechs Stunden dauern sollte, einen sehr eindrucksvollen Traum. Ich nenne ihn Heiltraum und würde gern von anderen wissen, ob Ähnliches auch ihnen widerfahren ist. Wiederum vor jeder Injektion hatte ich einen Tiefschlaf mit Heiltraum. Es war mir, als hörte ich die Stimme des himmlischen Vaters sagen: „Sorge dich nicht: alle werden mein Antlitz schauen!" Auch diesmal waren die Krankenpflegerinnen äußerst betroffen, als sie mein Gesicht heiter, ja fröhlich sahen. Wie sich solche Träume erklären lassen, weiß ich nicht. Ich denke an tiefenpsychologische Erwartungen, die sich in schwierigen Momenten verdichten in ein unsagbares Vertrauen. Auf jeden Fall erlebte ich dies nicht etwa als Mystik, sondern einfach als ein ganz großes Geschenk, eine Paraklese: Ermunterung.

Ich versuchte nach diesem Heiltraum in keiner Weise eine Erklärung, etwa ob es eine Einladung zur letzten Heimkehr zu Gott oder einfach eine Ermunterung zu letztem und radikalem Gottvertrauen war. Auf jeden Fall kann ein solcher Traum gewaltige Heilenergien wecken.

Krankenbesuch

Den ersten Krankenbesuch aus der Stadt Starnberg machte der evangelische Pastor. Er brachte mir von seiner Frau einen wunderschönen Strauß von Orchideen. Er hatte durch die Pfarrsekretärin von meiner Anwesenheit erfahren. Deren Mann hatte die Diätküche zu besorgen. Während 16 Tagen wurde ich durch den Nasen-Magen-Schlauch ernährt. Der evangelische Pfarrer stellte sich als alten Bekannten vor. Er hatte vor Jahren einmal an von mir gepredigten Exerzitien für evangelische Pastoren und deren Frauen teilgenommen. Am folgenden Tag kam er wieder in Begleitung des katholischen Stadtpfarrers. Allein schon dieses Erlebnis der Ökumene war für mich Balsam.

Mein Zustand ließ nicht viele Besuche zu. Meine Mitbrüder und Verwandten und Freunde kamen, sobald dies vom Arzt gestattet worden war. Ein täglicher stiller Besucher war Weihbischof Schmid von Augsburg. Als ich über das Schlimmste hinweg war, feierte er täglich in meinem Krankenzimmer die Hl. Messe in einer so menschlich ergreifenden Weise, in solcher erlebbarer Nähe, daß mir diese Erlebnisse unvergeßlich sind. Er war wegen eines Gehörsturzes in der Behandlung von Prof. Westhues.

Als ich über das Gröbste hinweg war, vermerkte Prof. Westhues, daß er mit mir noch etwas zu besprechen habe. Als er das zweite Mal davon sprach, schrieb ich auf mein Täfelchen: „Ich weiß es schon. Sie wollen mir sagen, daß Bestrahlung nötig ist." Er atmete erleichtert auf. „Ja, das ist es." Er schlug mir das Schwabinger Krankenhaus vor. Es sei weitaus das beste in dieser Sache. Ich fühlte, daß ich über die Versuchung, mir Illusionen zu machen, endlich ganz weg war. Oder wird man jemals ganz darüber hinweg sein?

Der stumme Beichtvater

Ähnlich wie schon in Colleferro fragten mich die Krankenschwestern der Reihe nach, ob sie bei mir das Sakrament der Versöhnung empfangen können. Das „Beichtgeheimnis" hatte bei mir ja eine neue Gestalt. Ich war ja stumm. Doch ich lernte immer mehr mit den Augen, mit dem ganzen Körper zu sprechen. Und dann hatte ich ja mein Täfelchen, das ich gern und oft benützte, um auf Fragen zu antworten oder eine kleine Botschaft zu geben. Mit dem Täfelchen gab ich auch denen, die bei mir beichteten, einen Merksatz, ein frohmachendes Wort, eine Ermunterung. Und ich lernte auch besser: „In der Kürze liegt die Würze." Mit dem Verlust des Kehlkopfs und der Luftröhre hört die Versuchung der Geschwätzigkeit für immer auf.

Neu sprechen lernen

Professor Westhues hatte mir schon vor den Operationen gesagt: „Sie werden wieder das Sprechen lernen." Er erläuterte dies nicht. Offenbar setzte er voraus, daß ich Bescheid wußte über die Ösophagus-Stimme. Das war jedoch nicht der Fall. Ich war in dieser Sache völlig unwissend. Schon nach etwa zehn Tagen schickte mir der Professor eine Logopädin. Ich hatte noch den Nasen-Magen-Schlauch, so daß an erste Sprechversuche nicht zu denken war. Aber es war mir wertvoll zu hören, was alles möglich sein könnte. Sie überließ mir auch ein Heft mit Anweisungen für das Erlernen der Ösophagus-Sprache. Zudem ermunterte sie mich, oft ein paar Schlückchen Coca-Cola zu trinken und das Aufkoppern genau zu beobachten. Denn auf diesem Phänomen des Aufkopperns von Magenluft sei der Gebrauch der Speiseröhre für das neue Sprechen aufgebaut. Sobald die Nasen-Magen-Röhre entfernt war, versuchte ich, in das Aufkoppern einen Laut einzubringen. Und siehe da, ich hatte den Trick heraus. Als mich ein paar Tage später drei meiner leiblichen Schwestern (Ordensfrauen) besuchten, sagte ich jeder ins Ohr: „Grüß Gott!" Sie waren außer sich vor Staunen; denn sie waren in diesen Dingen noch viel weniger unterrichtet als ich. Sie waren überzeugt gewesen, ich würde mein Leben lang stumm bleiben.

Zweimal besuchte mich auf Einladung von Prof. Westhues ein kehlkopfloser alter Lehrer aus München. Er war schon fünfzehn Jahre vor mir operiert worden. Aber erst fünf Jahre hernach hatten seine Ärzte in München davon gehört, daß man in Holland ein System des Sprechens mit der Speiseröhre ausgearbeitet habe. Er hatte das Sprechen sehr gut gelernt. Er sang mir sogar ein kurzes Lied vor. Er besuchte viele Jahre lang alle neu operierten Kehlkopflosen im Raum München. Eine Frau, die ich später kennenlernte, besucht alle kehlkopflosen Frauen im Raum München. Beide tun es aus innerstem Drang. Sie lassen sich nicht einmal die Reiseunkosten vergüten. Sie verkörpern die Solidarität der Leidenden.

Als die Logopädin mich in Starnberg das zweite Mal besuchte, war sie sprachlos, daß ich schon einige Silben sprechen konnte. Sie sagte mir als erstes, daß sie gerade Prof. Westhues begegnet sei, und dieser habe ihr eindringlich gesagt: „Wagen Sie es ja nicht, dem Prof. Häring ein elektronisches Gerät anzubieten. Der Mann hat genug Intelligenz und Geschick, seine Speiseröhre zum Sprechen zu bringen." Das ist ein glänzendes Beispiel des heilenden Ermunterns, so ganz und gar verschieden vom Moralismus.

Schon in Starnberg wurde mir als Logopädin Frau Fuchs im Schwabinger Krankenhaus empfohlen. Sie war mir eine ganz große Hilfe.

Beim ersten Besuch wollte sie wissen, wie weit ich diese Kunst lernen wollte. Ich konnte ihr schon, wenngleich stockend und abgehackt sagen, daß ich das Sprechen soweit lernen wolle, daß ich fähig sein würde, die Eucharistie geziemend zu feiern und wieder die Frohbotschaft zu verkünden. Ich meinte aus ihren Augen zu ersehen, daß sie eine Art Mitleid mit dem alten Mann hatte, der sich doch offenbar zu viel vornehmen wollte.

Frau Fuchs verstand es großartig zu ermuntern. Als ich zum Beispiel den Buchstaben „F" einfach nicht herausbrachte, sagte sie: „Das lassen wir einfach einmal stehen. Später kommt das ganz von selbst." Ich sehe hierin auch ein Beispiel für Moralpädagogik. Statt sich an bestimmten Imperativen unzeitig zu verkrampfen, können und sollen wir auf das allgemeine Wachstumsgesetz schauen. Alles hat seine Zeit. Entscheidend ist, daß wir insgesamt ständig auf dem Wege sind.

Eines Tages sagte mir Frau Fuchs, daß eine Frau, Mutter von mehreren Kindern, die mit mir täglich auf die Bestrahlung warte, es einfach nicht über sich bringe, auf der Station auch nur ein Wort zu sagen, denn sie schäme sich über die Männerstimme, die aus dem Ösophagus herauskäme. Doch sie sei überzeugt, daß diese Frau in meiner Gegenwart keine Hemmungen haben würde. So machten wir denn unsere täglichen Übungen mit Frau Fuchs zusammen. Und damit war das Problem gelöst.

Nach der fünfzehnten Bestrahlung unterbrachen wir den Unterricht; denn infolge der Trockenheit im Mund und in der Speiseröhre wurde es immer schwieriger, einen Ton hervorzubringen. Nach den 35 Bestrahlungen war meine Sprechfähigkeit wieder auf dem Nullpunkt. Doch nach zwei Monaten konnte ich die Übung wieder aufnehmen. Ich war insgesamt 25 mal bei Frau Fuchs, jeweils etwa zehn Minuten. Nach der letzten Übung bat Frau Fuchs, ihr Gelegenheit zu einem Glaubensgespräch zu geben. Es dauerte etwa eine Stunde. Dann gratulierte sie mir und sagte: „Jetzt sind Sie so weit, daß Sie wieder geziemend die Eucharistie feiern und die Frohbotschaft verkünden können."

Gleichzeitig riet sie mir, einen Fortbildungskurs im Sprechen in Nürnberg zu besuchen. Dort kämen die besten Logopäden Europas, eine ganze Gruppe junger Logopäden, Fortgeschrittene im Sprechen und Anfänger zusammen. Dieser Kurs war dann tatsächlich für mich sehr hilfreich. Als ich bei Frau Fuchs anfing, hatte ich nur die Ruktusmethode kennengelernt. Diese besteht darin, daß man Luft schluckt, mit der man drei bis vier Silben hervorbringt. Mit der Ruktusmethode spricht man nur abgehackt. Der Gebrauch eines Mikrophons ist dabei völlig unmöglich, denn bei jedem neuen Schlukken gibt es einen Knall. Langsam und nicht ohne Schwierigkeiten konnte ich mich umstellen auf die Methode des laufenden Einsaugens der Luft. Bei dem Fortbildungskurs machte ich in diesem Punkt große Fortschritte. Während man spricht, saugt man ständig Luft ein, die durch die Speiseröhre ähnlich wie die Muttermilch beim Säugling in den Magen fließt und ständig zurückfließt. Man bildet die Stimme dann an den oberen Rändern der Speiseröhre.

Am Vorabend des Kurses saß ich zu Tisch neben der schon einmal erwähnten kehlkopflosen Frau aus München, die sich um alle kehlkopf-operierten Frauen in München und Umgebung annimmt. Neben uns saß eine jüngere Frau, die schon vor drei Jahren operiert worden war, aber noch keinen Laut hervorbrachte. Sie mußte nach der Totaloperation ähnlich wie ich bestrahlt werden. Da sie schwanger war, riet man ihr zu einer Schwangerschaftsunterbrechung. Sie lehnte ab. Das Kind, das sie gebar, war gelähmt. Darauf verließ sie ihr

Mann. Zum Glück hatte sie eine gute Mutter, die sich des Kindes annahm, so daß sie ihren Beruf als Sekretärin wieder aufnehmen konnte. Ein Logopäde aus Luxemburg nahm sich dieser Frau besonders an. Nach drei Tagen konnte sie am Telefon ihrer Mutter sagen: „Mutter, ich kann sprechen" zur unfaßbaren Freude beider.

Ich lernte bei dem Kurs noch eine andere Frau kennen, die ebenfalls schwanger gewesen war, als sie bestrahlt werden mußte. Auch sie hatte eine Schwangerschaftsunterbrechung kategorisch abgelehnt. Sie gebar ein gesundes Kind. Sie wurde bei dem Kurs von ihrem Mann begleitet. Das Kind, das schon etwa drei Jahre alt war, konnte die uns allen – auch ihrem Mann – unverständliche Stimme der Mutter verstehen. Um sie nahm sich der beste holländische Logopäde an, der zusammen mit einem kehlkopflosen Priester vor etwa dreißig Jahren den Gebrauch der Ösophagus-Ersatzstimme entwickelt hatte. Die Kehlkopflosen sind im allgemeinen öffentlichkeitsscheu, unter sich fühlen sie sich dagegen wohl.

Nun sind es fast dreizehn Jahre, seit ich den Gebrauch der Ösophagus-Ersatzstimme erlernt habe. Ohne Schwierigkeiten kann ich drei oder vier Vorträge am Tag halten. Voraussetzung ist immer ein gutes Mikrophon.

Kobaltbestrahlung

Es war Prof. Westhues und dem Bestrahlungsarzt eindeutig klar, daß ich das gesetzlich zulässige Höchstmaß von 35 Bestrahlungen brauchen werde. Mein großes Glück war, daß damals der erste Tomograph in München zugänglich war. Er war in Privatbesitz. Das Schwabinger Bestrahlungszentrum schickte mich dorthin. Millimeter für Millimeter nimmt der Tomograph die Situation auf, so daß der Bestrahlungsarzt durch die Auswertung genau weiß, wo und wie stark die Bestrahlung angewandt werden muß. Ich bin überzeugt, daß mir diese Neuerung das Leben rettete. Denn ohne die Angaben des Tomographen wären die 35 Bestrahlungen weithin unnütz verpufft worden.

Der sehr sympathische Bestrahlungsarzt machte mich pflichtgemäß auf alle zu erwartenden Folgen der Bestrahlung aufmerksam: „Sie werden voraussichtlich alle Ihre Zähne verlieren, wahrscheinlich auch alle Haare. Der Mund wird unter großer Trockenheit leiden. Die Geschmacksnerven werden auf lange Zeit tot sein usw." Dann sagte er mir: „Ihre Leidensgefährten verlangen fast alle immer stärkere Schlafmittel und schmerzstillende Mittel. Ich glaube, Sie können es sich zutrauen, auf alle starken Schlafmittel radikal zu verzichten." Ich erinnere mich genau an die Formulierung: „Sie können es sich zutrauen". Für mich ist das eine klassische Ausdrucksweise der parakletischen Rede, der Ermunterung, die die innersten Kraftquellen anspricht; radikal verschieden vom Moralismus, der einfach herumkommandiert. Ich traute es mir dann auch wirklich zu und überstand die 35 Kobaltanwendungen bedeutend besser als jene, die zu harten Medikamenten griffen.

Ich wohnte während der Bestrahlung im Redemptoristenkloster von München. Eine Garser Missionsschwester kochte für mich leicht verträgliche Speisen und sprach mir freundlich zu, so daß ich hinreichend aß, obwohl alle Speisen gleichmäßig nach Kobalt schmeckten. Es folgte eine Periode von gut einem Jahr, bis die Geschmacksnerven allmählich wieder anfingen zu funktionieren. Ich vergleiche diese Erfahrung mit einer bloßen Pflichtmoral: das Gute tun müssen, ohne daran Geschmack zu empfinden. Jetzt verstand ich besser den Spottvers von Friedrich Schiller auf die kantianische Pflichtmoral: „Gern dient ich den Freunden, doch tu ich es leider aus Neigung; und so grämt es mich sehr, daß ich nicht tugendhaft bin. Da hilft kein anderer Rat, als sie zu verachten und zu tun, was die Pflicht gebeut (gebietet)."

Wie froh war ich, als ich wieder den guten Geschmack der Speisen verkosten konnte. Gleichzeitig fingen auch die Speicheldrüsen wieder allmählich an zu funktionieren. Ausgefallen bleibt dagegen der Geruchssinn, einfach deshalb, weil ich nicht durch die Nase atme, sondern Brustatmer bin.

Doch ich kann sagen, daß ich am Leben, an allem Schönen und Guten viel Freude habe, auch an meiner armseligen Ösophagus-Ersatzstimme. Ich sehe in ihr ein großes Geschenk Gottes. Ich habe in diesen Jahren viele Vorträge und Exerzitien gehalten und zahllose Heilgespräche geführt. Allem „wenn und aber" habe ich Abschied gegeben und kann sagen, daß ich so, wie ich lebe, glücklich bin.

Ich überstand auch die Zeit der 35 Bestrahlungen relativ gut, weil ich mich nicht auf mich selbst konzentrierte, sondern mehr auf die anderen und auf eine Aufgabe. Ich arbeitete täglich etwa vier Stunden am letzten Band meines Werkes „Frei in Christus". Ich schrieb alles handschriftlich, da mir das Maschinenschreiben infolge der Kanüle erhebliche Beschwerden bereitet hätte. Auch das Diktieren, das ich vorher weithin praktizierte, fiel aus, da die Ersatzstimme zunächst dafür untauglich war.

Dialog mit den Leidensgefährten

Im Kellergeschoß des Schwabinger Krankenhauses mußten wir gewöhnlich sehr lange warten, bis die Reihe an jeden von uns kam. Es entwickelte sich langsam eine echte Freundschaft. Die meisten waren wie ich mehr oder weniger stumm. Wir entwickelten um so mehr die Körpersprache, das Einander-zu-Lächeln, Gesten der Ermunterung.

Zu gleicher Zeit mit uns Erwachsenen kam auch eine ganze Gruppe von Kindern zur Bestrahlung, nicht am Kehlkopf, aber am Kopf gegen Tumore. Alle bis auf einen etwa neunjährigen Buben waren von Angehörigen begleitet. Als dieser Junge sah, daß er als einziger wie verlassen warten mußte, weinte er bitterlich. Ich suchte ihn zu trösten. Von da ab kam er immer gleich zu mir, schmiegte sich an mich und weinte seine Tränen auf meinen Ärmel. Allmählich fühlte er sich so geborgen, daß er das Weinen nicht mehr nötig hatte.

Ein Mann meines Alters, der an der Zunge einen Krebs hatte, machte mir klar, daß er daran denke, sich zu erschießen. Da fing ich an, Brieflein zu schreiben, bald für jeden, der mit mir auf seine Bestrahlung wartete. Ich sah, daß meine kurzen Brieflein geschätzt wurden. Mancher wartete direkt darauf. Eines Tages erschien unter uns im Kellergeschoß zum Warten auf die Kobaltbestrahlung eine Frau im Rollstuhl. Sie gab jedem von uns ein freundliches Lächeln. Auch ihr schrieb ich ein Brieflein: „Ihr liebevolles Lächeln hier im Kellergeschoß ist mehr wert als eine Million Mark." Sie quittierte mein Brieflein mit einem liebevolleren und ermunternden Lächeln.

Alles in allem betrachtet, sehe ich die Erfahrung im Bestrahlungskeller vom Schwabinger Krankenhaus als eine der kostbarsten Bereicherungen meines Lebens.

Als ich bei meinem römischen Arzt die erste Nachuntersuchung hatte, sagte er mir: „Die Arbeit, die Professor Westhues für Sie geleistet hat, ist ein unübertreffliches Meisterwerk. Und das gleiche gilt für das Münchener Bestrahlungszentrum."

„Gott hat uns nochmals geholfen"

Gleich nach der sechsstündigen Operation in der Klinik von Starnberg sagte Prof. Westhues meinem Ordensobern: „Wir glauben nicht, daß es uns gelungen ist, alle Krebsnester zu entdecken und auszuräumen." Er hielt sich strikt an meine Bitte: „Ich brauche keine frommen Lügen." Erst nach einer gründlichen Nachuntersuchung drei Jahre nach der großen Operation gab er seine Reserve auf und sagte: „Gott hat uns nochmals geholfen." Ich antwortete spontan: „Ja, durch Ihre Kompetenz und Ihre Sorgfalt." Seine Antwort war: „Das kann ich nicht annehmen. Da müssen wir Gott die Ehre geben." Ich erinnerte mich spontan an die Aussage von Prof. Fratarcangelo von 1977 vor der fünfstündigen Operation: „Wenn Gott uns hilft!" Es ist erstaunlich und erfreulich, daß gerade diese großen Könner mit Selbstverständlichkeit Gott die Ehre geben und sich seiner Hilfe empfehlen konnte.

Wieder rückfällig

Wenn sich der Krebs sechs Jahre lang nicht mehr gerührt hat, so hat man nach ärztlichen Aussagen eine hohe Sicherheit, dem Krebsübel entronnen, bzw. endgültig geheilt zu sein. So fühlte ich mich fünf und sechs Jahre nach der großen Operation in Starnberg völlig sicher. Ich ging auch nicht mehr zu Nachuntersuchungen. Längere Zeit hatte ich das Gefühl, ohne Arzt auszukommen.

Doch plötzlich kam die Enttäuschung, nach gut sechs Jahren. Um das Stoma (Öffnung für die Brustatmung) bildete sich ein starker Ausschlag, und nach wenigen Tagen sah meine ganze Brust aus wie aussätzig. Ich ging zu unserem Hausarzt in Salvator Mundi, einem gut eingerichteten Krankenhaus deutscher Schwestern. Nach der gründlichen Untersuchung überreichte mir der Arzt auf meine Bitte alle Ergebnisse. Ich war nicht überrascht, als ich auf dem Ergebnis des Kardiogramms las: „Situation nach einem schweren Herzinfarkt." Er lag nunmehr fast zehn Jahre zurück. Dann las ich: „Lungensack um ein Drittel ausgedehnt und drückt auf das Herz. Lungensack ganz besetzt mit zweispitzigen Knoten." Ich merkte sofort, daß der italienische Name für die Knoten genau dem Typ des Kehlkopfkrebses entsprach. Der Arzt hatte mir damals gesagt, daß diese spezielle Krebsart besonders hartnäckig sei.

Ich wußte nun, woran ich war. Ich sagte mir, daß in meinem Alter der Prozeß nicht allzu schnell verlaufe. So hatte ich möglicherweise noch Zeit, meine letzten Doktoranden bis zum Ende zu begleiten. Doch eines war klar: Ich hatte mich auf den Besuch von Bruder Tod ernst vorzubereiten. Der Arzt verschrieb mir ein Medikament, das Cortison enthielt, aber in geringer Dosis. Auf dem Begleitzettel hieß es, daß dieses Medikament alten Leuten nicht oder nur in ganz geringer Dosis verschrieben werden darf. Es sollte gemäß der Beschreibung der Verlangsamung des Krankheitsprozesses dienen. Aber zugleich überwies mich mein Arzt an den besten Krebsspezialisten von Rom. Mein Generalobere riet mir, nach Deutschland zu gehen, in der Erwartung, dort einen noch besseren Arzt zu finden. Meine Antwort war: Ich würde kaum einen besseren Fachmann finden können und bei meinem Alter sei es doch normal, an den Tod zu denken. Er nahm diese Antwort an. Ich bemühte mich um ein intensiveres Gebetsleben, führte aber auch meine gewohnten Arbeiten durch, obwohl ich mich ziemlich elend fühlte.

Nach etwa zwei Monaten führte der Onkologe eine neue, ganz gründliche Untersuchung durch. Ich war nicht wenig erstaunt, als er mir das Ergebnis mitteilte: „Die Krebsknoten sind alle im Zustand des totalen Zerfalls." Meine Reaktion war: „Ich möchte das glauben. Aber es klingt zu schön, um glaubwürdig zu sein. Könnten Sie mir das als Arzt erklären?" Er begann bedächtig, verwies auf wissenschaftlich kaum faßbare innere Heilkräfte. Ich bat ihn schließlich nochmals, er möge mir das möglichst wissenschaftlich erklären, weil es mir immer noch unfaßbar erschiene. Da suchte er in seiner Schublade eine ganze Weile, zog ein Jesusbild hervor und im Hinweis darauf sagte er nur: *„Ich glaube an ihn"*. Kein weiteres Wort mehr über die Ursache. Die aussatz-artige Entzündung auf der Brust ging relativ schnell zu-rück.

Als ich im April 1988 endgültig von Rom Abschied nahm, besuchte mich mein Arzt mit seiner Frau. Er sagte mir vor dem Abschied: „Ihre Heilung war ein Wunder", sonst nichts mehr.

Natürlich habe ich viel darüber nachgedacht. Mit dem Wunderbegriff als Außer-Kraft-Setzung von Natur-gesetzen kann ich nicht viel anfangen. Ich denke an eine Art von Gipfelerfahrungen geistlicher Art, die wie ein Funke auf die leibseelischen Kräfte überspringen kön-nen. Jedenfalls, ich zog die eine sichere Folgerung: Gott immer und überall zu danken und all mein Vertrauen auf Ihn zu setzen. Wir sollten uns nicht zuerst und zu-meist um unsere Gesundheit kümmern, sondern um das Tun des Willen Gottes und das Kommen Seines Reiches. Dann wird uns all das übrige dreingeschenkt.

Nun kann ich nochmals sagen: Gott hat mir nicht den Krebs verordnet. Aber er hat mir Licht und Kraft ge-schenkt, sinnvoll damit zu leben und sinnvoll gegen die Krankheit anzukämpfen.

Ein falscher Darmausgang

Unmittelbar nach meiner Rückkehr aus Rom nach Gars am Inn ließ ich mich im Krankenhaus in Altötting an einem Leistenbruch operieren. Ich ließ mir nicht einmal die Krankensalbung geben, obwohl ich dies vor allen meinen früheren Operationen getan hatte. Ich hielt die Sache für eine Kleinigkeit. Um so mehr war ich überrascht, daß ich erst nach mehr als vier Stunden aus dem Operationssaal zurückkam und mich furchtbar elend fühlte. Die lang dauernde Narkose hatte mich ungewöhnlich stark mitgenommen. Aber nun tauchte die Frage auf: Was ging eigentlich vor?

Am nächsten Morgen setzte sich Dr. Bauer, der Chefarzt, der mit einem Assistenten die Operation durchgeführt hatte, auf den Bettrand und sagte: „Wir müssen noch über eine ernste Sache sprechen ... Schon während der Operation, die eine ganz häßliche Sache war, überlegten wir, ob wir sofort einen falschen Darmausgang machen sollten. Die Frage steht nun vor uns."

Ich nahm das äußerlich gefaßt hin. Aber als ich allein war, sagte ich im Gebet: „Lieber Gott, jetzt habe ich schon einen falschen Eingang für die Luft. Dazu nun noch einen falschen Darmausgang: Ist das nicht für einen schwachen Menschen zuviel?"

Die Frage nach dem Darmausgang stand noch im Raum, als ich plötzlich hohes Fieber bekam. Eine Lungendurchleuchtung ergab, daß dort alles in Ordnung sei.

Dann riß Dr. Bauer den Verband etwas heftig von der Wunde. Es zeigte sich ein gelber Fleck, Anzeichen einer Eiterung in der Bauchhöhle. Eine Narkose war nach der letzten Erfahrung nicht mehr denkbar. So mußte mir täglich zweimal der Eiter auf ziemlich heftige Weise herausgepreßt werden. Dr. Bauer sagte mir: „Sie dürfen ruhig denken, der Doktor ist ein Grobian. Doch ich weiß keinen anderen Weg." Am nächsten Tag kam die Reihe an den Oberarzt. Er meinte sogar: „Sie werden denken müssen, daß ich ein Erzgrobian sei. Doch es geht nun einmal nicht anders." Der Eiter floß schließlich in reicher Menge ab. Vier Tage erhielt ich rund um die Uhr Antibiotika. Es war mir klar, daß ich nur infolge des unerhörten wissenschaftlichen Fortschritts noch eine Lebenschance hatte.

Wiederum muß ich die äußerst liebevolle, sachgerechte Pflege durch die Krankenschwestern preisen. Die liebevolle Art dieser Pflegerinnen ist auch ein Heilmittel von höchster Bedeutung.

Als ich vom Krankenhaus verabschiedet wurde, kam der Chefarzt selbst. Er sagte vor den Schwestern und dem Oberarzt: „Pater Häring ist ein Meister in der Dissimulation des Schmerzes." Ja, was hätte ich anderes tun können? Bei meiner Situation als Kehlkopfloser hätte ich gar nicht schreien können, auch wenn ich es gewollt hätte.

Ich erholte mich erstaunlich schnell. Ich begann wieder, lange Spaziergänge zu machen, stand im Sprechzimmer den vielen Ratsuchenden zur Verfügung, hielt wieder Vorträge und schrieb Aufsätze in der Meinung, daß mit meiner Gesundheit alles zum Besten stehe.

Hirnkrämpfe

Im Verlauf des Sommers 1989 meldete sich die menschliche Kondition mit neuer Heftigkeit an, zunächst durch einige Anfälle von Hirnkrämpfen. Einer entstand im Schlaf. Der Hirnkrampf warf mich aus dem Bett. Ich hatte das Empfinden eines ungeheueren Erdbebens, als ob sich mein Bett umdrehe und das ganze Zimmer auf dem Kopf stehe. Als ich nach einiger Zeit wieder voll zu mir kam, drehte ich das Licht auf und war nicht wenig erstaunt, daß keine Bücher herabgefallen waren und alles an seinem Platz stand. Ich kann es heute noch nicht verstehen, warum ich nach dieser Erfahrung nicht gleich zum Arzt ging.

Der nächste starke Hirnkrampf befiel mich, während ich in meiner Heimatgemeinde den Pfarrer vertrat. Darauf ging ich zum Arzt. Er stellte gleich die richtige Diagnose: Wegen der Verwachsungen am Hals infolge der vielfachen Operationen und Bestrahlungen war mein Gehirn nur mehr sehr unvollkommen durchblutet. Ich wurde selbstverständlich an den Neurologen verwiesen. Dieser befürchtete, es könnte auch ein Hirntumor mit im Spiel sein. Die Tomographie ergab jedoch, daß es nicht der Fall war. Sie zeigte aber auch das Ausmaß der eigentlichen Ursache: mangelnde Versorgung beider Gehirnhälften mit Blut. Es bedurfte starker Medikamente, auch relativ starker Beruhigungsmittel, gegen das Auftreten neuer Hirnkrämpfe. Ich fühlte die Medikamente als beachtliche Belastung.

Am 28. Dezember 1989 traf mich am Morgen ein Hirnschlag wie ein Blitz. Am späten Nachmittag kamen dann ganze Wellen von Hirnkrämpfen. Am Abend wurde mir die Krankensalbung gespendet. Sowohl ich als auch der Obere, der sie spendete, dachten, daß der Tod greifbar nahe sei. Mit dieser Erwartung verlor ich das Bewußtsein. Da erschien der Neurologe. Er gab mir eine Schockspritze, wie er mir später erklärte. Sie war ein Risiko und hätte den unmittelbaren Tod herbeiführen können. Doch sie bewirkte die erhoffte, wenn auch durchaus nicht sichere Besserung. Ich war am nächsten Tag wieder ziemlich bei Bewußtsein.

In dieser notvollen Situation erlebte ich wieder einmal eine gütige Fügung der göttlichen Vorsehung. Andere mögen es einen glücklichen Zufall nennen. Ich meine jedoch, daß es auch vom rein vernünftigen Denken her leichter fällt, von Fügung der Vorsehung zu reden als von einem bloßen Zufall.

Als meine Schwester, Lucidia Häring, langjährige Leiterin einer Schule für Krankenpflegerinnen, die mit einem großen Krankenhaus verbunden war, von meiner Erkrankung erfuhr, telefonierte sie an meinen Oberen, der Arzt möge doch die Funktion der Nebenschilddrüse untersuchen; sie habe bei Patienten mehrere Fälle von Hirnkrämpfen infolge von Kalziummangel erlebt. Der Obere brachte mir die Botschaft sofort. Als ich dann aus meinem Zimmer hinausging, begegnete mir Dr. Englert, ein weithin angesehener Arzt. Er hatte im Haus einen Kranken besucht. Er grüßte mich freundlich und fragte nach meinem Befinden. Ich meinerseits benützte die Gelegenheit, um zu fragen, ob die Vermutung meiner Schwester sinnvoll sein könnte. Er bejahte es. Darauf bat ich ihn, mich als Patienten anzunehmen.

Unverzüglich ordnete er eine umfassende Untersuchung an. Es stellte sich heraus, daß nicht nur die Nebenschilddrüse eine beachtliche Unterfunktion hatte, sondern daß die Schilddrüse selbst annähernd funktionslos war. Dementsprechend waren alle meine Blutwerte chaotisch.

Dr. Englert befragte einen Schilddrüsenspezialisten in München. Dieser fragte erstaunt: „Wie kann der Patient angesichts dieses Ergebnisses überhaupt noch leben?" Wegen der „Situation nach schwerem Herzinfarkt" und bei aktueller Herzkrise mußten die künstlichen Schilddrüsenhormone ganz schleichend-langsam eingeführt werden. Was die Hirndurchblutung betrifft, verordnete der Arzt unmittelbar Umstellung auf Tebonin, ein Extrakt des chinesischen Blutbaumes (Ginkgo-Baum), mit bestem Erfolg.

Doch trotzdem verschlimmerte sich die vom Hirnschlag herrührende Lähmung am ganzen Körper von Tag zu Tag. Darum mußten alle Beruhigungsmittel abgesetzt werden. Die Folge war eine totale Schlaflosigkeit, begleitet von Halluzinationen.

Ich konnte weder lesen noch mein Brevier beten. Umso mehr pflegte ich das mir schon lange liebgewordene Abba-Gebet, das ich hier nun sowohl Kranken wie Gesunden empfehlen möchte. Auch Dr. Englert vermutet, daß es zu der für ihn einfach unerklärlichen Heilung beigetragen hat. Während meine Blutwerte, als ich von Dr. Englert angenommen wurde, alle einfach chaotisch waren, ergab nach einem Jahr die Untersuchung von 21 Blutwerten nicht nur gute, sondern durchweg ideale

Werte, wie sie sich, nach den Worten von Dr. Englert, „ein Zwanzigjähriger nicht besser wünschen könnte". Auch die Lähmung ist nunmehr völlig überwunden. Ich bin seitdem arbeitsfähig wie ein junger Mann.

In IHM geborgen

Ich glaube, daß es keine größere Heilkraft gibt als das Sich-geborgen-Wissen in der Huld des Abba-Vaters, das Sich-liebend-angenommen-Wissen vom allgütigen Heiland, das Sich-beleben- und -leiten-Lassen von seinem Heiligen Atem (Geist). Bedenken wir, mit welch grenzenloser Liebe und Ehrfurcht Jesus auf die Kranken, auch auf die Sünder zuging, ihnen einen unverdienten Vorschuß des Vertrauens und der Freundschaft schenkte! In dieser Schau versuchen wir, seine Wunder der Heilung zu verstehen.

Wie schon früher vermerkt, kann ich mir sie nicht als Wunder durch Außer-Kraft-Setzung von Naturgesetzen vorstellen. Vielmehr werden alle leibseelischen Kräfte – und diese sind ein Wunderwerk des Schöpfergeistes – geweckt und gesammelt, wenn der Geistesfunke zündet, der von Jesus und vom Vater ausgeht. So können die verborgenen Heilkräfte freigesetzt und ins Unbegreifliche gesteigert werden.

Meistens steht dabei im Hintergrund die alltägliche und bisweilen staunenswert große Erfahrung der Liebe, die uns von unseren Mitmenschen geschenkt wurde. Darin und dadurch ist Gott am Werk. „Wo die Liebe und die Güte, da ist Gott."

Gott der Schöpfer ist in allen Dingen, einschließlich den neuesten Strahlungsgeräten am Werk. Doch das

Ausgezeichnetste ist die Macht seiner Liebe, die sich spürbar und wirksam in heilen und heilenden zwischenmenschlichen Beziehungen und in gemeinsamen und ganz persönlichen Glaubenserfahrungen kundtut.

Der Abba-ATEM Jesu

Ein Weg, all diese Kraft zu erfahren und wirksam werden zu lassen, ist das Abba-Gebet, der innere und womöglich ausdrückliche Mitvollzug des Abba-Atems Jesu. Es geht um nichts weniger, als sich von diesem Abba-Atem Jesu beseelen und erfüllen zu lassen.

Unser natürlicher Atem ist ein Ursymbol des Liebesatems Gottes, des Heiligen Geistes. Das hebräische Wort ,ruach' wie auch das griechische Wort ,pneûma' der Bibel, gewöhnlich deutsch mit „Geist" übersetzt, seien im folgenden ganz wörtlich mit ATEM wiedergegeben. Der „Heilige Atem" ist das ewige Urereignis des Lebens- und Liebeshauches zwischen Vater und Sohn. In diesem ATEM ihrer Liebe schenken sie sich gegenseitig von Ewigkeit an in unaussprechlich beseligender Zärtlichkeit.

Nebenbei vermerkt: Im Hebräischen sind die beiden Ausdrücke, die auf den Heiligen ATEM Gottes hinweisen (nämlich Atem und Weisheit), weiblich, Ausdruck der mütterlichen Zärtlichkeit und Fruchtbarkeit. Das Beten Jesu, in dem der Ausdruck innigster Liebe und eines totalen Vertrauens – ,Abba' (Papa, herzlieber Vater) – ganz zentral ist, soll im Mitvollzug des Abba-Gebets Jesu unseren Atem, unseren Lebens- und Liebesodem ganz erfassen. Es ist ganz selbstverständlich, daß wir dabei unser Ein- und Aus-Atmen als Grundsymbol erfahren, um uns von der Liebe Jesu zum Vater und zu uns ergreifen zu lassen.

Als die Jünger Jesu freudestrahlend von ihrer ersten Aussendung zur Heilsverkündigung und zum Heilen der Kranken zurückkehrten, „jubelte Jesus im Heiligen Atem und sprach: Abba, Herr des Himmels und der Erde, ich preise dich, daß du das den Kleinen geoffenbart hast" (Lukas 10,21).

Wenn ihr betet

Als die Jünger Jesu Abba-Gebet mit Bewunderung und Staunen erleben, bitten sie ihn, er möge sie beten lehren. Und was tut er? Er nimmt sie einfach in seinen Abba-Atem hinein und lädt sie ein: „Wenn ihr betet, so sprecht ‚Abba'" (Lukas 11,2).

Er macht sie so zu einer großen Familie seines Vaters. Darum lehrt er sie nach Matthäus (6,9) auch zu sprechen ‚Abbuni' – ‚Unser Vater', indem er uns ganz ausdrücklich hineinnimmt in seine Liebe, in seinen Liebes-Atem.

Wenn Jesus betet und uns in sein Gebet hineinnimmt, so offenbart er sich in der Heilsgeschichte als der, der er von Ewigkeit ist, wie Thomas von Aquin sagt: Er ist „nicht irgendein Wort, sondern das Wort, das die Liebe haucht" („Verbum spirans Amorem"). Der Hauch der Liebe geht vom Vater und von ihm aus.

Im großen eucharistischen Gebet im Abendmahlssaal vor seinem Hingang beginnt Jesus sechsmal mit ‚Abba'. Und er jubelt: „Ich habe deinen Namen den Menschen geoffenbart, die du mir geschenkt hast" (Johannes 17,6).

In jedem der sechs Abba-Absätze des hohenpriesterlichen Gebetes Jesu taucht der beglückende Gedanke auf, daß Jesus uns als Geschenk vom Vater empfangen hat und sich darüber freut, daß wir, seine Jünger, erkennen, daß der Abba selbst ihn, seinen geliebten Sohn, uns als

Erlöser und Freund geschenkt hat. Es geht also im Beten Jesu stets um unser Hineingenommensein in die ewige, sich schenkende Liebe zwischen Vater und Sohn im Heiligen Atem, im Lebens- und Liebeshauch.

Der Apostel Paulus macht es an drei Stellen ausdrücklich, daß der Heilige Atem Gottes selbst uns in Jesu Abba-Gebet hineinnimmt. „Die Liebe Gottes ist ausgegossen in unsere Herzen durch den Heiligen Atem" (Römer 5,5). „Ihr habt den Atem empfangen, der euch zu Söhnen/Töchtern Gottes macht, den Atem, in dem wir rufen: Abba – Vater" (Römer 8,14–16). „Um euch die Erfahrung zu schenken, daß ihr Söhne/Töchter Gottes seid, sandte Gott den Atem seines Sohnes in unser Herz, den Atem, der ruft: Abba – Vater" (Galater 4,6).

Ganz besonders tröstlich und hilfreich ist für Kranke und schwer Geprüfte der Satz aus dem Römerbrief: „So nimmt sich der ATEM (Geist) unserer Schwachheit an. Wir wissen ja nicht, worum wir in rechter Weise beten sollen. Der Geist (ATEM) selbst tritt für uns ein mit Seufzen, das wir nicht in Worte fassen können. Und Gott, der die Herzen durchforscht, weiß, was die Absicht des ATEMS ist, der so wie Gott will, für die Heiligen eintritt. So erfahren wir, daß Gott denen, die ihn lieben, alles zum Guten führt" (Römer 8,26).

Beachte deinen Atem

„Gott, der Ich-bin-da, bildete den Menschen aus Staub von dem Erdboden und blies in seine Nase einen Lebenshauch. So wurde der Mensch ein lebendes Wesen" (Genesis 2,7). In dieser biblischen Sicht beobachten wir vor dem Abba-Gebet in immer neuer Dankbarkeit unseren Atem als Geschenk des Schöpfers und als Ursymbol der dreieinigen Liebe Gottes, der uns in sein Leben und Lieben hineinnimmt.

Betrachte also deinen Atem als Symbol und Abbild des Abba-Atems Jesu. Laß dich von immer wachsendem Staunen ergreifen, daß dein Atem dich erinnern darf, daß du selbst ganz hineingenommen bist in den Atem der ewigen Liebe zwischen Vater und Sohn.

Unser Atem soll tief, sanft und gleichmäßig sein. Atme tief aus und ruhe ein paar Sekunden im Gedanken, daß du dich mit jedem Atemzug Gott anvertraust, um in ihm Ruhe, Freude, Frieden zu finden. Ab... und ...ba. Beim Einatmen (beim ersten Ab) erleben wir uns als Geschenk, das vom Vater kommt. Wir öffnen uns einer stets beglückenden Erfahrung des Geschenkhaften unseres Daseins als Söhne/Töchter Gottes. Beim Ausatmen (beim zweiten ‚a' von Abba) schenken wir uns Gott dankbar, vertrauensvoll zurück. Wir erfahren die Pause zwischen Ausatmen und neuem Einatmen als „Geborgen sein in IHM".

Lassen wir uns vom Staunen ergreifen! Geben wir der Freude Raum! Dabei werden wahrscheinlich die Pausen zwischen Ausatmen und neuem Einatmen allmählich länger. Dadurch wird dann auch das Einatmen tiefer mit dem Erlebnis unseres Angewiesenseins auf Gottes Liebe und Lebensatem.

Überlaß dich dem Liebesatem Gottes

Mit Jesus, in der Kraft seines Liebesatems dürfen wir sagen: „Abba (Abbuni) im Himmel."

Wir sind durch Jesu Abba-Atem, dem wir uns ganz überlassen, sozusagen im Himmel, d. h. ganz hineingenommen in das innergöttliche Sich-Schenken zwischen Vater und Sohn durch ihren eigenen Liebes-ATEM. Und so preisen wir innerlich, staunend und frohlockend mit Jesus, „den Herrn des Himmels und der Erde". Wir preisen ihn, daß wir durch Jesus in seine beseligende Liebe hineingenommen sind. Wenn wir den Vater im Himmel vertrauensvoll mit Jesus Abba nennen, so ist das ein Gebet der Lobpreisung.

Abba, dein Abba-Name werde geheiligt, gelobt und geliebt! Diese große Sehnsucht, daß Gottes Vatername von allen Menschen gekannt, geliebt und geehrt werde, gehört wesentlich zum Abba-Gebet. Gerade darin liegt eine große Heilkraft. Unsere Beweggründe und Absichten werden gereinigt. Wir werden empfindsamer für die Ehrfurcht vor dem heiligen Namen Gottes, des Vaters unseres Herrn Jesus Christus. Unsere Krankheiten und Leiden können uns nicht mehr versklaven und zerstören, wenn durch unser Abba-Gebet vereint mit Jesus die Sehnsucht wächst, daß der Vatername Gottes auf Erden wie im Himmel gelobt und geliebt werde. Wir erleben eine Befreiung aus der Enge unseres kleinen Daseins und verstehen allmählich, daß unser Gebet, unser Leben und Leiden und Lieben vereint mit Jesus unendlichen Wert haben.

„Abba, dein Reich komme, wie im Himmel so auf Erden"
Jesus hat unter uns gelebt und gelitten, um uns den Vater zu zeigen, um uns in sein Reich der Liebe, Gnade, des Friedens hineinzunehmen, als Empfangende und Mitwirkende. Halten wir bisweilen bei unserem Abba-Gebet eine Minute, zwei oder drei Minuten inne; lassen wir in uns die Sehnsucht nach dem Kommen des Reiches Gottes wachsen. Dann wird auch unsere Sehnsucht wachsen, dabei mitzuwirken, nicht zuletzt durch Ergebenheit und Gottvertrauen in den Tagen der Krankheit.

„Abba, dein Wille geschehe, wie im Himmel so auf Erden"
Das treu geübte Abba-Gebet gibt uns allmählich eine Ahnung vom Himmel, vom Hineingenommen-sein in den Heilsplan Gottes, gemäß dem seine innergöttliche Seligkeit und Liebe auf uns überfließen. Im Abba-Gebet schauen wir immer aufs neue mit Staunen und Dankbarkeit auf das Abba-Gebet Jesu am Ölberg: „Abba, Dein Heilsplan, Dein Wille geschehe, nicht der meine." Das letzte Ausatmen Jesu am Kreuz war sein letztes Ja zum Heilsplan des Vaters, die höchste Verherrlichung des Vaternamens Gottes durch das grenzenlose Vertrauen. „Abba! In Deine Hände lege ich meinen Atem."
Gerade, wenn Krankheit, Leiden, Enttäuschung einmal übermächtig dich bedrängen, hefte deine Aufmerksamkeit auf Jesus am Kreuz und laß dich vom Liebesatem Jesu in sein Gebet hineinnehmen: „Abba, in

deine Hände lege ich mich, mein Leben und meinen letzten Atemzug."

Ist der erste Teil des Vater-unser der große existentielle Überschritt von der Enge des Ich zur Weite des Du Gottes, seines Reiches, seines Heilsplans, so nimmt uns der zweite Teil ganz besonders in die Dimension der Heilssolidarität Jesu hinein, der allen alles geworden ist und uns lehrt, frei zu werden von individuellem und kollektivem Egoismus.

Abba – Abbuni – „Unser Brot gib uns heute!"

O wie köstlich ist das Brot, das wir dankbar aus den Händen unseres lieben Abba empfangen! Er schenkt uns seinen geliebten Sohn Jesus als das Brot für das Leben der Welt. Während du dich intensiv dem Abba-Atem Jesu übergibst, darfst du alles, was du von Gott empfangen hast, als sein Geschenk verkosten, als Zeichen seiner Abba-Liebe für dich, aber auch für alle. Suche ich nur mein Brot, meine Ehre, meinen Erfolg, dann schmeckt alles schlecht. Aus der Gabe des Abba wird ein Diebstahl. All die Gaben, die für uns Menschen insgesamt bestimmt sind, werden dann für uns Gefangene des Egoismus zum Raubgut, zum Anlaß für Neid, Streit, Gewalttat, Betrug, Krieg. Je mehr der Abba-Abbuni-Name unseren Atem, unser Sinnen und Trachten beseelt, umso leichter treten wir in die befreiende und heilende Dimension der Heilssolidarität ein, die alle irdischen Güter und alle Gnaden umfaßt. Vom Verkosten des Abba-Namens im Heiligen Atem geht eine gewaltige Kraft des Teilens, des Gemeinschaftsgeistes aus.

„Abba – Abbuni, vergib uns unsere Schuld, wie auch wir allen vergeben, die uns etwas schulden"

Wenn wir von der Heilkraft des Gebetes sprechen – und das ist mir ein zentrales Anliegen für das lebenswahre Gottvertrauen in Krankheit – so sollen wir oft ganz intensiv unseren liebenden Blick und all unsere Aufmerksamkeit auf das Gebet Jesu am Kreuz richten: „Abba, vergib ihnen, denn sie wissen nicht, was sie tun." Hier ist wiederum das Staunen, von dem wir uns immer intensiver erfassen lassen, von höchster Bedeutung. Es ist einfach nicht selbstverständlich, daß Jesus am Kreuz für seine Peiniger, für all seine Beleidiger so herzinnig zum lieben Vater betet. Ich bin ja auch mitgemeint. „Durch seine Wunden, durch seine gewaltfreie Entfeindungsliebe sind wir geheilt." Danken, Staunen! Dann wird uns auf einmal das Verzeihen, die Befreiung von aller Bitterkeit, von allem Groll etwas Selbstverständliches. Doch es bleibt Gnade, Geschenk, für das wir immer neu danken müssen. Wenn dich irgendwann die Bitterkeit in ihre Gefangenschaft nehmen will, dann bete minutenlang das Abba-Atem-Gebet mit dem Blick auf Jesus am Kreuz geheftet und im Hinhören auf sein herzinniges Gebet: „Abba! Verzeih!"

„Abba – Abbuni, laß uns nicht in die Versuchung hineinrutschen, sondern befreie uns vom Bösen"

Diese zwei Bitten gehören zusammen. Es geht vor allem um die Versuchung zum Abfall vom Reich der Liebe und des Friedens, die Versuchung zu Neid, Haß, Rachsucht. Positiv ist es die Bitte um die innere Kraft und Gesundheit der Entfeindungsliebe. Jesus hat mich armen Sünder grenzenlos geliebt und hört nicht auf, uns, mich zu lieben, so daß auch wir jene lieben können, die uns (scheinbar) Unrecht getan, unsere Ehre verletzt haben usw. Im Abba-Atem sage stets aufs Neue und immer entschlossener Ja zur Weisung: „Laß dich nicht vom Bösen besiegen, sondern überwinde das Böse durch das Gute!" (Römer 12,21).

Abba! Amen! Ja so sei es. Das erhoffe ich von Deiner Liebe. Dir vertraue ich mich für immer an. Amen

Wer sich im innigen Abba-Gebet so ganz vom Abba-Atem Jesu ergreifen läßt, weiß sich versöhnt mit Gott und wird in sein versöhnendes, heilendes Tun hineingenommen. Das bedeutet sehr viel für den Kranken selbst, für den Verlauf seiner Krankheit, für die Sinngebung und schließlich für seine letzte Versöhnung. Es bedeutet viel für das Heil der Welt.

Da manche Kranke bisweilen auch gern zu einem formulierten Gebet greifen, biete ich fünf kurze Gebete an.

Am Morgen

„Meine Stimme zu Ihm – ich rufe.
Er antwortet mir: Empor!
Ich legte mich hin und entschlief.
Ich erwachte; denn Er hat mich gehalten."

(Psalm 3)

Abba! Vater des Lichtes!

Das Dunkel dieser Nacht hat mich nicht allzu sehr beunruhigt; denn Du ließest immer neu spüren, daß Du bei mir bist.

Ja, Du bist für mich der „Ich-bin-da".

In deiner Vatersorge fühle ich mich geborgen, selbst dann, wenn ich aus einem unruhigen Traum erwache. Der ABBA-Atem deines geliebten Sohnes schenkt mir Ruhe und Frieden, gerade auch dann, wenn mich der Schlaf flieht. Dein Liebesatem durchströmt mich, stärkt und tröstet mich. Abba! Ich danke dir für die Gnade des Glaubens, für die Erfahrung des Vertrauens, für das Geschenk deiner Liebe.

Doch je mehr ich mich durch das ABBA-Gebet gestärkt fühle, umso mehr überkommt mich ein tiefes Mitgefühl mit den Kranken und Alten, die dich entweder überhaupt nicht kennen oder in dir zuallermeist den Richter sehen. Vielleicht zweifeln sie deshalb an deiner

Vaterliebe, weil ihnen in ihrem Leben und insbesondere in ihren Leiden zu wenig herzliche Liebe geschenkt worden ist.

Hab Erbarmen mit ihnen. Sende ihnen heute und jeden Tag Menschen, die sie durch ihre Güte, ihr Mitgefühl und ihre Hilfsbereitschaft erahnen lassen, daß Du, Gott der Liebe, das Herz allen Daseins bist.

Hilf mir heute, den Menschen, denen ich begegne, etwas von der Liebe und dem Frieden, die du mir schenkst, weiterzugeben.

Amen.

Am Morgen

„Es sprach von dir mein Herz: ‚Suche sein Antlitz!'
Ja, dein Antlitz, Jahwe, will ich suchen.
Ja, des bin ich gewiß, schauen werde ich die
Güte Jahwes im Lande der Lebenden."

(Psalm 27)

Abba, Vater der Liebe!
Das warme Morgenlicht und die frische Luft im Zimmer geben mir eine Vorahnung von dem glückseligen Erwachen nach meinem letzten Atemzug, nach meinem letzten Abba-Gebet: wenn ich meinen letzten Erdenatem ausgehaucht habe im Vertrauen auf Jesus, der sich in Leben und Tod ganz dir anvertraut hat.

Ja, wenn ich zum vollen, neuen, ewigen Leben erwache, dann werde ich dein Antlitz schauen und über deine Güte frohlocken.

Abba, allgütiger Gott, füge heute alles so, daß es mir hilft auf dem Weg zu dir, auf meinem Pilgerweg des Glaubens zur ewigen Heimat.

Du, Gott des Heiles, weißt, wie gern ich wieder gesund werden möchte. Ich will das Meine dafür tun, die Heilung zu fördern.

Doch viel inniger bitte ich dich: Hilf mir, daß ich auf dem Weg des Heiles voranschreite.

Was immer mir dieser Tag bringt, ich will dir schon im voraus dafür danken und in allem deinen Abba-Namen preisen.

Und ich freue mich schon sehr über jenes Erwachen, das mich ganz in den Lobpreis deiner Liebe hineinnehmen wird.

Amen.

Untertags

„Freuen werden sich alle,
die sich an dir bergen.
Entzücken werden sich an dir alle,
die deinen Namen lieben."

(Psalm 5)

Abba, lieber Vater im Himmel!

Welches Glück verspüre ich, wenn ich daran denke, daß ich vereint mit deinem Sohn Jesus dich voll Vertrauen unseren Abba, meinen Abba nennen darf, und daß ich dabei wissen darf, daß der Atem der Liebe, der von dir und deinem Sohn ausgeht, in mir betet und atmet.

So bist du für mich der Vater im Himmel; denn ein Stück Himmel ereignet sich in mir, wenn ich bete, Abba! Vater im Himmel!

Oft hast du mich heute beim Aussprechen deines Vaternamens getröstet. Das Kranksein hat mich dann nicht mehr allzu sehr beunruhigen können. Immerdar will ich auf Jesus schauen; denn wer ihn sieht, der sieht dich. Er nimmt mich jetzt und bei meinem letzten Atemzug in seinen Atem der Liebe hinein, der ihn beten ließ: „Abba! In deine Hände lege ich meinem Atem." Vereint mit ihm vertraue ich mich ganz deiner Liebe an.

Und wenn dann der Tag meines Lebens zur Neige geht, will ich mit dem letzten Atemzug Abba sagen und mein irdisches Leben aushauchen und in deine liebenden Hände legen.

Amen.

Am Abend

„Du, unser Herr!
Wie herrlich ist dein Name in allem Erdland.
Was ist das Menschlein, daß du sein gedenkst,
der Adamssohn, daß du dich seiner annimmst,
du Allerhöchster!"

(Psalm 8)

Ja, unaussprechlich ist dein herrlicher Name, du Allerhöchster. Noch viel herrlicher ist dein Name, den du
Mose geoffenbart hast: Der ‚Ich-bin-da'. Unübertreffbar
ist die endgültige Offenbarung in Jesus, dem Immanuel,
‚Gott-mit-uns', der uns ermächtigt hat, dich im Verein
mit ihm und in der Kraft des ewigen ATEMS „Abba" zu
nennen.

Auch heute hast du mich immer wieder erfahren lassen, daß du für mich der ‚Ich-bin-da', der ‚Gott-mit-uns'
bist.

Dein eingeborener Sohn, der sich mit Vorliebe
Adamssohn, Menschensohn genannt hat, frohlockte,
weil er uns deinen Namen, den Vaternamen, offenbaren
durfte. Und er frohlockte sogar im Heiligen Atem, weil
du durch ihn all das uns kleinen Menschlein geoffenbart
hast.

Am Abend dieses Tages und angesichts des Lebens-
abends, dem ich mich nahe, will ich deinen Vaternamen
durch ein ganz großes Vertrauen ehren. Du weißt besser
als ich, was mir nottut und nützt. Du nimmst dich noch
unendlich besser um mich an, als die um mich besorgten
Ärzte und Pflegerinnen.

„Nimm alles von mir, was mich hindert auf den Weg
zu dir, und schenke mir alles, was mich auf diesem Weg
fördert!" Amen.

(Nikolaus von der Flüe)

In der Nacht

„Dein gedenke ich auf meinem Lager,
in Nachtwachen murmle ich dir zu.
Meine Seele hängt an dir.
Deine Rechte hält mich fest."

(Psalm 63)

Abba! Heiliger Vater!

Wenn schon fromme Menschen, wie der Psalmist, vor dem Kommen deines Sohnes in die Welt ein so großes Vertrauen auf deine Vatersorge haben konnten, wie sehr ziemt sich dann ein grenzenloses Vertrauen auf dich für Christen.

Ganze Nächte hat Jesus im Gebet, in der Freude an deiner Liebe und deinem Vaternamen zugebracht.

Vor seinen Jüngern hat er im Heiligen Atem frohlockt und dich, den „Herrn des Himmels und der Erde", als Abba gepriesen.

Am Ölberg und am Kreuz hat er dir zugemurmelt und in deinem Abba-Namen Kraft und Trost gefunden.

Seine vertrauensvolles Ja zu deinem Heilsplan, zu deinem Liebeswillen, weist uns den Weg und schenkt uns Zuversicht, auch in unseren dunklen Nächten.

Nimm mich gnädig an, wenn ich dir in meinen schlaflosen Nächten stammelnd zumurmle. Dein Heiliger Atem möge sich meiner Schwachheit annehmen und mich lehren, wie ich beten soll. Ja, er selbst möge in uns, in mir beten: „Abba! Vater!"

Amen.

Glaubenskraft und Meditation

Carlo Carretto
Gib mir deinen Glauben
Gespräche mit Maria von Nazareth
Band 1754

Carlo Carretto
Wo der Dornbusch brennt
Geistliche Briefe aus der Wüste
Band 1769

Carlo Carretto
Denn du bist mein Vater
Bekenntnis eines Lebens
Band 1741

Carlo Carretto
Warum, Herr?
Erfahrungen der Hoffnung über das Geheimnis des Leids
Band 8820

Henri J. M. Nouwen
Gottes Clown sein
Geistlich leben in unserer Zeit
Band 1753

Henri J. M. Nouwen
Suche nach Einklang
Von der geistlichen Kraft der Erinnerung
Band 1774

Henri J. M. Nouwen
Gebete aus der Stille
Den Weg der Hoffnung gehen
Band 1668

Herderbücherei

Karl-Heinz Pfeiffer
Was die Nacht in den Morgen verwandelt
Trösten und sich trösten lassen
Band 1758

Mutter Teresa
Gedanken für jeden Tag
Band 1767

Tatjana Goritschewa
Unaufhörlich sucht der Mensch das Glück
Eine Reise der Seele
Band 1772

Karl Rahner
Gebete des Lebens
Herausgegeben von Albert Raffelt
Band 1797

Walter Nigg
Die Hoffnung der Heiligen
Wie sie starben und uns sterben lehren
Band 1800

Gebete der Heiligen Hildegard
An den Fenstern des Glaubens
Herausgegeben von Walburga Storch OSB
Band 8805

Adalbert Ludwig Balling
Gott lege ein Licht in deine Hände
Wenn der Schmerz größer ist als die Kraft
Band 8813

Herderbücherei

Klemens Richter
Feste und Brauchtum im Kirchenjahr
Lebendiger Glaube in Zeichen und Symbolen
Band 1763

Kleine Jerusalemer Bibel – AT
Die Weisheitsbücher und die Propheten
Herder-Übersetzung mit dem vollständigen Kommentar
der Jerusalemer Bibel
Band 1765

Kleine Jerusalemer Bibel
Neues Testament und Psalmen
Herder-Übersetzung mit dem vollständigen Kommentar
der Jerusalemer Bibel
Band 1760

Kurt Koch
Grundpfeiler des Glaubens
Vom Sinn der christlichen Feste
Band 1768

Gerhard Ebeling
Das Wesen des christlichen Glaubens
Band 1778

Erich Zenger
Mit meinem Gott überspringe ich Mauern
Psalmenauslegungen 1
Band 8810

Neues Glaubensbuch
Der gemeinsame christliche Glaube
Herausgegeben von Johannes Feiner und Lukas Vischer
Band 1787

Herderbücherei

Christsein heute

Herderbücherei